走读大运河

王越 著

中国工人出版社

序 言

2014年6月22日，在卡塔尔多哈举行的联合国教科文组织第38届世界遗产委员会会议上，“中国大运河”项目成功入选《世界遗产名录》，成为我国第32处世界文化遗产和第46处世界遗产。

我国的地势特点是西高东低，所以东半部河流大都从西向东流，为了解决南北方向通航，就要依靠人工开凿渠道把河流连接起来。中国大运河自公元前5世纪以来持续建造，历经两千余年的发展和多次修建，北起北京，南至浙江，由京杭大运河、隋唐大运河和浙东运河三部分组成，全长达三千二百多千米，是世界上开凿较早、规模最大、线路最长、延续时间最久且目前仍在使用的人工运河。依据历史上的分段和命名习惯，中国大运河共包括十大河段：通济渠段、卫河（永济渠）段、淮扬运河段、江南运河段、浙东运河段、通惠河段、北运河段、南运河段、会通河段、中河段。申报的系列遗产分别选取了各个河段的典型河道段落和重要遗产点，共包括中国大运河河道遗产27段，以及运河水工遗存、运河附属遗存、运河相关遗产共计58处遗产。这些遗产根据地理分布情况，分别位于31个遗产区内。内河航道国际组织主席大卫·白灵杰说，中国京杭大运河是世界各国运河之母。

大运河流经北京、天津、河北、河南、山东、安徽、江苏、浙江八个省（直辖市）35个城市。它将海河、黄河、淮河、长江和钱塘江五大水系连成统一的水运网，是中国历史上南粮北运、商旅交通、军资调配、水利灌溉的生命线。直到今天，大运河仍发挥着重要的交通、运输、行洪、灌溉、输水等作用，是大运河沿线地区不可缺少的重要交通运输方式，自古至今在保障中国经济繁荣和社会稳定方面发挥了重要的作用。

还在史前时代，先民们为了交通运输、灌溉农田、捕鱼生存、抗灾行洪等需要，在选择居住地点时，已经充分考虑到如何在获得水源的同时营造有利于人类生活的环境。《易·系辞》中已记载：“伏羲氏刳木为舟，剡木为楫，舟楫之利，以济不通。”司马迁著《史记·河渠书》，就从大禹“开九州，通九道，陂九泽，度九山”开始。“九州”最早见于《禹贡》，《尚书》中的《夏书·禹贡》记载，大禹时期，天下分为“九州”，分别为豫州、青州、徐州、扬州、荆州、梁州、雍州、冀州、兖州。九州的范围，北有燕山山脉、渤海湾和辽东，南至南海，西至甘肃接西域，东至东海。禹平水土之后：“舜以冀州之北广大，分置并州。燕、齐辽远，分燕置幽州，分齐为营州。于是为十二州。”也就是说，并州、幽州、营州是由冀州分出来的，幽州便是北京最早的称谓。

加上原来的九州，又称为十二州。

我国古代对人工开挖的运河，常以“渠”来命名，《史记·河渠书》记述了各地区治理水害、修筑漕渠和灌渠等史实，其中防洪6事、航运3事、灌溉11事、航运兼灌溉5事，所叙河流有黄河、长江、淮河、济水、淄水、漳水等。隋炀帝于大业四年（608）春正月，“诏发河北诸郡男女百余万开永济渠，引沁水，南达于河，北通涿郡”。涿郡就是今天的北京，当时所开凿的大运河北段，就叫永济渠。在唐人的诗文中，对永济渠还有“白渠”“白水”“清河”“清川”“淇水”等雅称。大运河中的“运河”两个字，是宋代以后才出现的名字。南宋吴自牧撰写的《梦粱录》里，已有“一由东北上塘，过东仓新桥，入大运河”的记载。大运河北京段“北运河”的称谓，最早出现在元朝人苏天爵撰写的《郭守敬行状》，其中提到郭守敬准备从澄清闸稍东，“引水与北运河接”。这里所说的“北运河”，是指北京通县至天津入海河处，为海河的支流。可以说，历史上运河两岸不同地域对水利沟渠的开凿利用，为以后京杭大运河的开通作出了巨大的贡献。

2017年，习近平总书记视察北京时强调，保护大运河是运河沿线所有地区的共同责任，北京要积极发挥示范作用。大运河是祖先留给我们的宝贵遗产，是流动的文化，要统筹保护好、传承好、利用好。“要古为今用，深入挖掘以大运河为核心的历史文化资源”。

在习近平总书记关心指导下，中央和地方整体规划、有序推进，一条“文化玉带”串联起沿岸无数物质和非物质文化遗产，为经济社会发展提供新能量。2019年2月，党中央、国务院作出重大决策部署，发布《大运河文化保护传承利用规划纲要》。同年12月，北京市正式发布《北京市大运河文化保护传承利用实施规划》和《北京市大运河文化保护传承利用五年行动计划（2018—2022年）》。纵贯千年，横跨七区的大运河北京段，将全面实施遗产保护、环境整治、水系治理、文化挖掘、旅游提升和跨区域合作工程，在新时代创造性、高质量地统筹推进大运河文化带建设。

作为科普知识普及读物，本书旨在介绍北京作为我国的历史古都，在其起源和发展过程中与众多的河流结下的不解之缘；讲述北京三千年开渠济漕的运河故事，大运河文化带作为古都文脉的历史地位，北京在新时代创造性、高质量地统筹推进大运河文化带建设的成就。同时结合地理点的有关人文背景配以图片，供走读大运河和准备领略大运河北京段风采的广大读者赏鉴。

本书在写作过程中，得到首都师范大学、北京地理学会、中国工人出版社的大力支持；李小娟教授、李京教授、孙冬虎研究员，朱祖希教授、李春旺教授、刘晓萌老师、葛忠雨主任、王宁女士帮助尤多；编写中，引用的有关资料，因篇幅所限，恕不一一开列作者和书目，在此一并致谢。

王　越

2020.8.31 于北京

目录

目录

北京的生命之河——大运河

河流是一座城市的幸运，流淌的江河，更是一座城市的福祉。如果说永定河是北京的母亲河，那么大运河一定是北京的生命之河。正是由于纵横北京的河流水系和优越的地理条件，孕育了北京原始人类，促进了北京城的发展，开启了北京文明之光。

隋代以前，幽燕之地的蓟城（在今北京城西南）有如华北平原北部的一个门户。公元7世纪，大运河第一次全线贯通，将北京与中原地区和江南地区连接起来，形成沟通都城贯通黄淮和长江流域的漕粮通道。蓟城位于隋唐大运河的最北端，从此跃居于北方军事重镇，而在大运河开通后的数百年里，北京逐渐发展成为全国的政治中心。

历史上的北京之所以被誉为天下名都，具有决定性意义的地理条件在于“会通漕运便利，天津又通海运”。大运河不仅是保障首都漕粮供应的经济生命线，而且在沿岸乃至更广阔的流域范围内积淀了特色鲜明的地域文化。这种文化植根于大运河与社会发展的密切关联，以从南到北绵延数千里的人工河道为象征和载体，在空间上展现为一条狭长的带状分布，因此被称作“大运河文化带”，北京所在的最北段是其精华地段之一。所以梁启超认为，大运河的开凿对北京城市发展变化起到了决定性的作用，“而南北一统之基础，遂以大定。此后千余年间分裂者不过百余年耳。而其结果，能使江河下游，日趋繁盛，北京南京两大都，握全国之枢要，而吸其精华”，“其转换之机，皆在于运河”。

放眼整个北京地区，正是由于其纵横的永定河、潮白河等河流水系和优越的地理条件，孕育了北京原始人类，促进了北京城的发展，开启了北京文明之光。

第一章　上善若水——河流开启北京文明之光

▲ 北京的河流

水是生命之源，也是人类文明之母。纵观人类文明的起源和发展，从来离不开水。尼罗河孕育了古埃及文明，底格里斯河促进了古巴比伦王国的兴盛，恒河带来了古印度的繁荣，黄河、长江孕育了古代中国的文明。放眼整个北京地区，正是由于其纵横的永定河、潮白河等河流水系和优越的地理条件，孕育了北京原始人类，促进了北京城的发展，开启了北京文明之光。

中华文明第一摇篮

1877 年，美国人类学家摩尔根在《古代社会》一书中，把人类社会划分为蒙昧时代、野蛮时代和文明时代。野蛮时代即原始社会的结束，人类便进入文明时代。于是“文明”“开化”与“野蛮”“落后”，就成为文化中的标准词汇。从这个意义上说，人类文明史就是人类的开化，并从低级阶段向高级阶段发展的历史。恩格斯在《家庭、私有制和国家的起源》一书中，也采纳了这种划分，作出了“国家是文明社会的概括”的论断。恩格斯认为，摩尔根对人类历史时期的划分以生产上技能的发展和获取生活资料的进步为标志是科学的，是历史唯物主义的，因此加以采纳。就文明社会的发展而言，从原始的氏族公社组织到国家的发展是人类文明的一大进步，是文明社会的一大发展，也是文明时代的一大贡献。

中国古典意义的“文明”一词，最早见于中华元典《周易》。《周易·乾·文言》云：“潜龙勿用，阳气潜藏。见龙在田，天下文明。终日乾乾，与时偕行。”唐代经学家孔颖达对此疏道：“天下文明者，阳气在田，始生万物，故天下文章而光明也。”《书·舜典》云：“濬哲文明，温恭允塞。”孔颖达疏：“经天纬地曰文，照临四方曰明。”中国古典意义的“文明”一词，表述的是文采光明、文德辉耀，“天下有文章而光明也”“经纬天地曰文，照临四方曰明”，代表了社会的进步与开化，和现代“文明”字面上的光明、开化、进步、富有文采等语义如出一辙。

在历史学中，同文明相对应的文化，通常也是指尚未发明文字“没有文章”、总体发展水平比较低“尚未开化”的社会或时期。这种文明的起源涉及世界各地区，最早可上溯至旧石器时代，由旧石器时代到新石器时代，再到青铜器等金属器的生产力的发展，各部落由狩猎采集进而畜牧农耕，产生社会大分工，导致社会分裂为阶级的具体过程。还有从游牧到定居及城市的出现，由血缘关系到阶级关系的发展，最后通过不同的途径形成国家等诸方面。于是，人类起源、新石器时代革命、国家文明的形成，就成为人类三大历史性飞跃，从而带给世界翻天覆地的变化。

北京地区既存在生活于拒马河，标志古人类起源的“北京人”“田园洞人”和“山顶洞人”，又有永定河东去河谷岸边的新石器时代先驱“东胡林人”，还有在延庆古涿水点燃神州第一束文明火把的“黄帝集团”。位于今北京广安门一带的蓟城，更是凭借永定河所铸造的洪积平原、冲积平原和天然湖泊，为北京城的起源、发展提供了一个极其良好的自然基础。成为集人类起源、新石器时代起源、国家文明起源于一体的地区。这在全国各大城市中是绝无仅有的，在世界上也极其罕见，使北京当仁不让地成了“中华文明第一摇篮”。

优越的地理条件

一千八百多年前，一位诗人登上了蓟城北门外的一座小山。当他向蓟城眺望时，惊喜地看到了一幅令人沉醉的画面。只见湖光山色间，一片片桑树林在晨曦的映照下显得郁郁葱葱，波光粼粼中枝枝相值、叶叶相依。壮美的景色令他诗兴大发，挥笔写下：“出自蓟北门，遥望湖池桑。枝枝自相值，叶叶自相当。”这位诗人就是大名鼎鼎、七步成诗的曹植。诗中所提到的“蓟”，位于今广安门一带，是北京城最早的名字。从曹植的这首诗中我们不难看出，北京城不仅是一座有着三千多年建城史和八百六十多年建都史的文明古城，也曾是一个水网密布、河湖众多的水乡城市。

原始聚落的摇篮——北京湾

北京城坐落在华北大平原西北缘的北京平原上，三面环山，东南一面便是坦荡辽阔的平原。西部山地习惯称西山，属太行山脉最北段；北部山地和东北部山地，统称军都山，属燕山山脉。山区坚硬的岩石裸露，地势高耸。东南部平原地区地势平缓，总体西北高，东南低，坚硬的岩石和断裂隐伏在松散的冲洪积物下，是典型的山前冲洪积作用形成的缓倾斜平原。平原的松散冲洪积物分布广泛，厚度变化很大。从西北山前到平原由几十米到数百米，在沉积凹陷中心最厚达一千余米。

美国地质学家贝利·维里斯（Bailey Willis）在1907年发表的文章中，将三面环山、一面开口的北京市所在的小平原，称为“北平湾”，即“北京湾”。正是这个水甘土厚的“北京湾”，成为北京原始聚落孕育、萌生的“摇篮”。我们通过卫星图像可以清晰地看到，北京平原正是由西北部山脉流出的永定河、高梁河、潮白河、温榆河、拒马河、洵河等大小河流的冲洪积物堆积塑造而成的。经过地质学家对平原区的考证，这些河流诞生于同一地质年代，距今已有三百多万年的历史。

历代称北京，“北枕居庸，西峙太行。东连山海，南俯中原，沃壤千里，山川形胜”，“河山巩固，水甘土厚，民俗淳朴，物产丰富，诚天府之国，帝王之都也”。放眼整个北京，众多的河湖水系依地形地势形成，人工开凿的运河灌渠帮助沟通河湖完成航运和灌溉。大运河贯穿南北，连通海河、黄河、淮河、长江和钱塘江水系，缩短了这些南北走向河流水系之间的距离，促进了流域文明的融合和国家的繁荣统一。正是由于这些优越的地理条件和纵横的河流水系，北京才更有历史文化底蕴。

仅就城市文明的发展而言，在地理位置固定不变、城市文明持续不断、都市地位始终不降的三大前提下，由殷商蓟城以迄于今，北京城已走过了三千三百多个岁月。其时间之长不仅在中国首屈一指，在世界上也无出其右，这又使北京当之无愧地荣膺了“天下第一城”的桂冠。[1]

北京的气候环境

在气候类型上，北京属于暖温带半湿润大陆性季风气候。特点是：夏季高温多雨，冬季寒冷干燥，春、秋短促。年极端最低气温一般在 –14 ~ –20℃，1966 年曾低到 –27.4℃（大兴东黑垡）；

[1] 王光镐：《北京人类文明的圣殿》，北京．中国书籍出版社，2014 年版，第 131 页。

高山区低于 –30℃。7 月最热，月平均气温，平原地区为 26℃左右；海拔 800 米以下的山区为 21 ~ 25℃。1 月最冷，月平均气温，平原地区为 –4 ~ –5℃；海拔 800 米以下山区为 –6 ~ –10℃。气温年较差为 30 ~ 32℃。全年无霜期 180 ~ 200 天，西部山区较短；降水季节分配很不均匀，全年降水的 80% 集中在夏季 6 月、7 月、8 月三个月，7 月、8 月常有暴雨。在空间分布上不均匀，东北部和西南部山前迎风坡地区为相对降水中心，在 600 ~ 700 毫米，西北部和北部深山区少于 500 毫米，平原及部分山区在 500 ~ 600 毫米；年平均日照时数在 2000 ~ 2800 小时。最大值在延庆县和古北口，为 2800 小时以上，最小值分布在霞云岭，日照为 2063 小时。降水量不均容易导致水旱灾害交替发生，无利于对水资源的蓄积和利用。

纵横的河流水系

北京地区的水系属海河水系，区域内流经有永定河、拒马河、潮白河、北运河和泃河五大河流。这些河流都发源于西北山地，坡陡流急。它们在穿过崇山峻岭之后，便流向东南，蜿蜒于平原之上则坡缓易淤。径流的季节变化和年际变化大，有明显的夏汛；最冷月均温低于 0℃，冬季河流有结冰期。泃河、永定河分别经蓟运河、潮白新河、永定新河直接入海，拒马河、北运河都汇入海河注入渤海。

▲ 永定河

永定河

永定河水系是对北京城影响最大的河流系统，是北京城的肇始之地，被誉为北京的母亲河。

永定河斜贯北京市的西南部，是北京地区最大的河流。其上源分南北两支：北支洋河，源自内蒙古兴和县以北的山麓；南支以桑干河为主干，源于山西宁武县的管涔山。桑干河东流至朱官屯与北面的洋河汇合以后，始称永定河。它切穿北京西山，形成长达 108 千米的曲流进峡即官厅山峡，在三家店附近出山，泻于平原之上，东南流经河北省的安次，进入天津市，从永定新河或海河流入渤海，全长 680 千米，流域面积 4.7 万平方千米。在北京，流域面积 3168 平方千米。

永定河形成以来受地质运动的影响不停地迁移，据研究，其共有古金沟河、高梁河、古清河、漯水故道、无定河、浑河和三海故道。总体上，这些古河道由北向南移动，改道后的古河床多被新的冲洪积物填埋，没被填埋的古河道则积水成湖。今天在市区的很多地方还能见到古河道的痕迹。当今的积水潭、什刹海、北海、中南海等都是古河道洼地积水成湖的。[1]

拒马河

拒马河是河北省内唯一一条长年不断的河流，为北京市五大

[1] 蔡向民，郭高轩，张磊，何付兵：《北京城湖泊的成因》，载《中国地质》，第 40 卷第 4 期，2013 年 8 月。

水系之一——大清河支流。发源于河北省涞源县西北太行山麓，在北京市房山区十渡镇大沙地入市界，流经六渡、千河口、张坊、南尚乐乡，到铁锁崖分为南北两支。南支入河北易县，北支称北拒马河，向东南流经房山区南尚乐乡的南河村流出市境，至东茨村以下称白沟河，在白沟镇与南拒马河汇合入大清河。拒马河是北京人类文明和城市文明的发祥地，北京地区发现最早的周口店北京猿人及西周琉璃河燕国的都城皆位于拒马河流域。

潮白河

潮白河是北京第二大河流，上游由潮河、白河两大支流组成。

潮河古称鲍丘水，上游即今潮河。发源于河北丰宁县上黄旗北，经滦平县、古北口入密云县。下游略与今白河平行南流，折东南循今蓟运河下游入海。据《水经·鲍丘水注》：鲍丘水至古潞县（今通州区东）西入沽河（今白河）。当沽河与鲍丘二水在潞县汇合后，下游可互为通称，故鲍丘水入潞后又有潞河之称。宋以后因其“时作响如潮”改称潮河，潮、白合口处渐北移，且下游河道多变迁。今鲍邱河及其下游蓟运河已不尽为古鲍丘水故道。

今潮河入密云县后，至高岭乡漕城子注入密云水库东北端，出密云水库东南端穆家峪乡大坝，向西南流至密云县城南十里堡，汇入白河。

白河又名沽河，发源于河北省沽源县南大马群山，经赤城县流入延庆县，再经怀柔县进密云县四合堂乡，至石城乡注入密云水库

▲ 潮白河

▲ 拒马河

▲ 历史上的北运河

西北端，出水库西南端调节池大坝后，南流到密云县城南十里堡，汇入潮河。潮河、白河二河交汇后，始称潮白河。历史上潮河、白河的河道曾多次改道，东汉以前，潮河、白河各自入海；北魏时，在潞县汇合；以后，汇流点逐步向北迁移，下游河道也多有变迁。至五代在顺义区牛栏山汇流；明嘉靖三十四年（1555），为利用潮白河通漕，经人工治理，始于密云县西南18里之河漕村汇流。

现代潮白河自密云向西南方向流出，经怀柔区境纳怀河后入平原，过顺义区牛栏山、自顺义城东南流，入通州区东境，下游河道经苏庄至香河，经吴村闸入潮白新河，沿途纳城北减河、运潮减河、青龙湾减河，分泄北运河洪水，并纳引泃入潮减河，穿天津宝坻区，在天津市北塘入渤海。

北运河

北运河（温榆河）是流经北京市东郊和天津市的一条河流，为海河的支流。干流通州至天津，即著名的京杭大运河北段。北运河的上游为温榆河，属北运河水系，源于军都山南麓，自西北而东南，至通县与通惠河相汇合后始称北运河。温榆河上源有北沙河、东沙河、南沙河，均发源于军都山南麓，三条河在沙河镇汇流后称温榆河。沙河镇以下纳主要支流清河、坝河等。

1912年以前，北运河上游原分三支，西支温榆河，古称温榆水；中支白河，古称沽水；东支潮河，古称鲍丘水。潮河、白河在密云县城西南汇流后称潮白河，在通县城关北汇流温榆河后称北运河，成为漕运主流。因通县古称潞县，故北运河在潞州以下古称潞水、潞河。又因其为漕运所经，明末改潞河为北运河。《清一统志·顺天府一》称北运河："在通州东。受潮、白二河之水。温榆河及西山诸泉之流为大通河者，亦自西北来注之。径州南至张家湾，会凉水河。又南径故漷县北，又折而东径香河县西，又南径武清县东，又南至天津县界，合大清河入直沽，达于海。"

北京城近郊区的河流，如北面的清河、南面的凉水河，凤港减河等几乎全注入北运河，历史上曾为漕运粮食的重要航道，后因河道淤浅而废，现为北京城区及郊区的重要排水河道。北运河于西集镇牛牧屯东南流出通县境后，流经天津市武清县、纳龙凤河，汇永定河，至北辰区屈家店汇永定新河，由郭辛庄、千里堤进入红桥区，经红桥区东北边缘，于新红桥东汇子牙河，在三岔河口与南运河汇合入海河，沿岸有桃花源和西沽公园等游览地。三岔河口有"引滦入津工程纪念碑"，沿河右派滩渡口、勤俭桥、北洋桥、辛庄桥、炮台渡口和三条石人行便桥。明永乐年间，漕运大兴，天津发展为商埠。它对天津城市的形成和农业、工业及城市的繁荣和发展作出了重要的贡献。

泃河

泃河为海河水系蓟运河的支流，发源于河北省兴隆县茅山乡，于黄崖关流入天津蓟县境内，再经下营、罗庄子，于泥河村以下进入北京平谷县。河道走向由东向西，至海子村北出口进入行洪滩地。在平谷县境内纳错河、金鸡河。1960 年在海子村附近建有海子水库，是北京市的 4 座大型水库之一。因库北将军关西的金山产黄金，故水库又称金海。1985 年取名金海公园。库南有锯齿山，附近还有盘山、湖洞水等景点。河道绕过平谷县城流向西南，在马坊乡东店村南流出，进入三河市境内，最终汇入蓟运河流经河北三河县，从蓟县红旗庄再入天津境内。顺便说一句，三河市的名字，就因为泃河、洳河、鲍邱河（潮河）三水流经县域而得名。

蓟运河源出迁安县三台营，经遵化、蓟州至宝坻入境，经宁河镇北，东南屈曲数折，抵北塘口入渤海。蓟运河的下游原是古鲍丘水（潮白河）入海的故道，元明以来称潮河，清代因漕运直抵蓟州改称蓟运河。鲍丘水流到古潞县（今通州区东）以后，西与沽河（今白河）汇合，下游可互为通称，又称潞河。

河流孕育“北京人”

中国是人类重要的发祥地之一。早在约八百万年以前，在今云南的开远、禄丰等地已经生活着古猿。此后，经过漫长的进化，产生了不同时期的原始人、氏族部落，如元谋人、蓝田人、北京人、山顶洞人及半坡人等，同时经历了原始人群、母系社会和父系社会几个阶段。“北京人”是世界上最重要的原始人类之一，它的发现对于研究古人类进化的历史具有重要的意义。通过对“北京人”的研究，可以发现早期猿人向现代人类演进和发展变化的规律，为人类起源的研究提供了可靠的证据。

周口店“北京人”遗址

周口店村西北群山环抱，周口店河蜿蜒向南。周口店河是大石河的支流，属拒马河水系，下游称琉璃河。村西并列着两座小山，东边的一座南北长约 220 米，东西宽约 190 米，海拔高约 145 米，山上盛产石灰石，人们在这里开采石灰时，经常能挖掘出动物化石，这些化石被称为“龙骨”，拿到中药店可以入药卖钱，该山从此得名为“龙骨山”。龙骨山由奥陶纪石灰岩构成，高出河面 70 米。在水流的作用下，龙骨山及其周边山峦形成了大小不等的天然洞穴，已发现的中国猿人遗骸及其文化的洞穴即在此地。

1929 年 12 月 2 日，中国古人类学家裴文中在龙骨山发掘出第一颗完整的“北京人”头盖骨化石，并找到了“北京人”生活、狩猎及使用火的遗迹，证明北京人是最早使用火的古人类，并能捕猎大型动物，将人类用火的历史提早了几十万年，被誉为中国早期人类的代表。同年 12 月 28 日，裴文中所在的北平地质调查所举行学术会议，发布了“北京人”头盖骨被发现的消息，并宣告了发掘经过及专家们的研究报告。消息一经公布，很快成为全球学术界爆炸性新闻。这一发现为“从猿到人”学说提供了重要

▲ 周口店遗址博物馆

周口店遗址博物馆始建于 1953 年。博物馆坐落在北京城西南房山区周口店龙骨山脚下，距北京市区约 48 千米。

1929 年，中国古人类学家裴文中先生在龙骨山发掘出第一颗完整的“北京人”头盖骨化石，震撼了全世界。1961 年被国务院公布为首批全国重点文物保护单位；1971 年中国科学院拨专款进行了扩建，并更名为“北京猿人展览馆”。1987 年被联合国教科文组织列入中国首批“世界文化遗产名录”。现为国家 AAAA 级旅游景区、全国重点文物保护单位、全国百家爱国主义教育示范基地、全国青少年科普教育基地。

依据，被国外学术界赞同进化论的科学家们誉为古人类研究史中最为动人的发现。根据专家对这些化石资料的研究分析以及考古学家对地层的科学测定，证明北京猿人距今约 69 万年，属更新世中期，是我国旧石器时代早期的猿人。从那时起，周口店“北京人”遗址就成为世界著名的文化圣地。

1936 年 11 月，考古学家贾兰坡主持山顶洞遗址发掘。山顶洞遗址的底层直接堆积在“北京人”遗址的第 1 层上，在这里发现了 3 个完整的“北京人”头盖骨化石，距今约 1.8 万年，系蒙古人种祖先，被命名为“山顶洞人”。山顶洞人文化的主要标志是钻孔、磨制和染色技术，最有代表性的工具是一枚骨针。骨针的出现意味着当时人类已会缝纫，可以用兽皮缝制衣物抵御风寒，也会搭盖住所。他们将死者埋葬在下室，在尸体及周围撒上红色赤铁矿粉末，表明他们已经有了原始的宗教信仰，希望死者在另外的世界中复活。遗址中发现大量哺乳动物和鱼类化石，证明山顶洞人以渔猎和采集为生，这标志着人类认识和利用自然界的能力的提高。由于赤铁矿石和海蚶壳的发现，表明山顶洞人的活动范围至少已经北至宣化，南至海边，且不断扩大。

迄今为止，北京猿人化石共出土头盖骨 6 具、头骨碎片 12 件、下颌骨 15 件、牙齿 157 枚及断裂的股骨、胫骨等，分属 40 多个男女老幼个体。考古学者同时发现 10 万件石器材料以及用火的灰烬遗址和烧石、烧骨等。北京猿人制造出颇具特色的旧石器文化，并对中国华北地区旧石器文化的发展产生深远的影响。截至田园洞化石被发现前，除1949年以后发现的“北京人”七枚牙齿、一段上臂骨、一段腿骨化石外，其间发掘出的化石在第二次世界大战期间都被外国人盗走而遗失。

1973年在龙骨山东南角，发现距今约10万年前古人类遗址，介于北京猿人和山顶洞人之间，命名为“新洞人”。洞里发现人类牙齿化石一枚，还有许多动物化石和石器。经研究表明，新洞人不但会用火，而且已经吃熟食。他们过着以狩猎为主、采集为辅的生活。这一系列重要发现，为研究人类的起源问题提供了重要依据，在当今世界古人类学研究中有着不可替代的地位。

2001年，在周口店以南的田园洞内发现了一些动物化石，经过野外发掘，发现了包括下颌骨和部分肢骨在内的古人类遗骸。经考古分析，其为生存于距今4万年前的早期亚洲现代人，称为“田园洞人”，他们已经开始摄取大量的淡水鱼作为食物。中科院院士、著名古人类学家吴新智说，人类的进化大致分四个阶段：第一阶段是早期猿人，第二阶段是晚期猿人，第三阶段是早期智人，第四阶段是晚期智人。田园洞人属于晚期智人，从形态上说，我们叫他解剖学上的现代智人，也就是说他的解剖学结构和形态学结构已经跟现代人基本是一样的了。因此，也可以说，田园洞人就是我们的祖先。

沿河近水的新石器时代遗址

到了大约一万年前，也就是新石器时代的开始，由于原始农作物的栽培技术逐渐得到发展，人类从山中下到平原，在靠山近水的地方定居下来，开始建立起原始的农村聚落。

新石器时代以原始农业、家畜饲养为主要特征，以磨制石器、陶器为主要标志。随着原始农业的发展，逐渐产生了以血缘为纽带结成的原始氏族公社。原始农业和家畜饲养的出现，是人类发展史上继掌握用火以来最伟大的一次经济革命。

就自然条件而言，畜牧农耕的发展、农作物的生产，不仅需要有充沛的灌溉水源，还需要有肥沃的土地。大河流域由于水资源的充沛，为农业灌溉提供了天然的有利条件，使得生活在河流周边的人类，可以通过农耕种植获取丰厚的食物，进而促进了文明古国的产生。人类文明的出现和进步，总是在具有肥沃的土壤、可靠水源的地方首先发展起来的。

马克思认为："外界自然条件在经济上可以分为两大类：生活资料的自然富源，例如土壤的肥力，渔产丰富的水等等；劳动资料的自然富源，如奔腾的瀑布、可以航行的河流、森林、金属、煤炭等等。"并指出："在文化初期，第一类富源具有决定性的意义；在较高的发展阶段，第二类富源具有决定性的意义。"[1]

[1] 马克思：《资本论》第一卷，北京．人民出版社，1986 年版，第 560 页。

▲ 东胡林人遗址

东胡林人遗址

1966年4月，在门头沟区斋堂镇东胡林村西侧，永定河东去的清水河北岸，发现一处人类骨骼已经部分石化了的古墓葬，即东胡林人遗址。清水河是永定河支流，流经东胡林人遗址时，形成了宽阔的河谷地带，为古代东胡林人提供了理想的生活水源。遗址所在的黄土台地土壤肥沃，有利于原始农作物的栽培。台地高出清水河30米，可以避免因洪水泛滥而带来的灾难。

东胡林遗址内出土的人骨化石，经鉴定属两个成年男性和一个少女个体。在少女遗骸的颈部位置有用小螺壳串制的项链，腕部佩戴有牛肋骨制成的骨镯，这意味着1万年前的女性就有着对美的追求。以后又陆续出土了一批新石器时代早期的陶器、石器、骨器、人骨、装饰品和烧火遗迹等重要文化遗产。北京大学对几十个测年结果的分析称，“东胡林人”生活的年代在距今11000 ~ 9000年前，是北京地区首次发现有明确地层关系的新石器时代早期墓葬。

转年遗址

转年遗址位于怀柔区北部宝山寺乡转年村西，白河的第二级阶地上，为新石器时代早期人类生活和制造石器的场所。共出土打制石器、细石器和少量磨制石器、陶器等18000余件。其中有北京地区发现最早的“石容器残片”和夹砂黑陶盂，还发现灰坑和少量陶片、人骨骼碎片等。陶器脱胎于“石容器”，随着原始农业的进步，古人类对石容器的需求越来越大，像蒸煮等各种要求也越来越多，由此产生了用黏土仿造石容器烧制而成的简陋的原始陶器。碳素测定表明转年遗址年代在距今 9800 ~ 9300 年前，为北京地区和全国发现最早的新石器时代早期文化遗址。

上宅遗址

上宅文化主要分布于北京东北部泃河流域，包括北埝头、上宅遗址两处，是北京地区发现的早期原始农业萌芽状态的新石器时代文化遗址。侯仁之先生说："西有周口店，东有上宅，东西文化遥相辉映，珠联璧合，生动地再现了首都北京灿烂的远古文化。"2019 年，上宅遗址入选第八批全国重点文物保护单位。

上宅遗址位于平谷区金海湖镇上宅村北的一块台地上，北有燕山，南有泃河，依山傍水，这里的原始居民系以农业为主的定居原始氏族部落。上宅考古出土的文物中，有可以翻土和盖屋的石铲、石斧、石凿等，还有石磨盘与石磨棒，磨盘和磨棒上甚至还有残留的淀粉粒。上宅遗址还出土了很多形制不一的陶器。既有生活所用的陶罐、陶钵、陶碗、陶杯等，也有空心陶球、陶羊头、陶熊头、陶塑猪头等，这说明当时已出现原始农业。但砍砸器、细石叶等遗物表明，采集经济仍占一定比重。人们依燕山傍两河，过着农耕与捕捞、采摘、狩猎相兼的生活，这在首都文化发展史上占有极其重要的地位。

北埝头遗址在平谷城区西北 7.5 千米的北埝头村，与上宅遗址同属于上宅文化。迄今共出土石质农具等石器 5400 余件，陶器 1100 余件，为原始居民长期从事劳作的场所。在黄土台地上，发掘出 10 座新石器时代房址，房址平面呈椭圆形，长径 4.6 ~ 5.6 米，周边有柱洞。每座房中部附近，埋有一两个较大的深腹罐，内存灰烬和木炭，系为烧煮食物和保存火种的灶膛。遗址出土的木炭标本，经碳十四年代测定及树轮校正后，这两处遗址在距今 6000 ~ 7000 年。它的发现和确定，填补了北京新石器时代历史的年代缺环和空白。经综合分析，考古工作者确定上宅遗址是中国新石器时代南北文化交流的集合地，也是北京地区发现的早期原始农业萌芽状态的新石器时代文化遗址。

目前北京地区发现的新石器时代遗址、出土点和墓葬共有 40 多处，这些最重要的农村聚落都分布在北京小平原的山前台地或沿河二级阶地上。这些原始农村聚落的出现，说明早在六七千年以前，已经开始农业生产，并且逐渐从山前台地向较为低下的平原腹地分布开来，随后就进入有文字记载的历史时期。

黄帝南渡——阪泉之战与华夏古国诞生

中国是一个有着辉煌文明的古老国度，古代先民最早的记载可以上溯到炎黄时期，有 5000 年的历史。炎是“炎帝”，黄指“黄帝”。据甲骨文、金文记录以及《尚书》《逸周书》等史籍记载，炎帝和黄帝实际是远古时代两个氏族部落的名称。炎帝氏族兴于“三皇”时期，黄帝是在“五帝”年代，炎帝时期比黄帝年代早五百年左右。古籍对三皇有多种说法，如《尚书大传》中记为燧人、伏羲、神农，《吕氏春秋》中为伏羲、女娲、神农。五帝，按《世本·纪篇》中记载曰：“黄帝、颛顼、帝喾、唐尧、虞舜，为五帝。”炎帝神农氏与黄帝轩辕氏被视为开创中华民族文明的始祖，华夏民族团结统一的象征。

“华夏”是中国的古称，文化高的地区称为“夏”，“华夏”合起来代表中国是一个有高度文明和发达文化的中央大国。唐朝孔颖达在《春秋左传正义》中注释道：“中国有礼仪之大，故称夏；有服章之美，谓之华。”意即中国是礼仪之邦，故称“夏”，“夏”有高雅的意思。中国人的服饰很美，故作“华”。春秋以后中华民族自称为华夏族，所以后世子孙都尊奉炎黄为自己的祖先，称自己是“炎黄子孙”“炎黄赤子”。

阪泉之战

炎帝，姜姓，连山氏，号神农氏，是中国汉族传说中上古时代的天下共主，与黄帝同为华夏始祖。《白虎通》说：“古之人民皆食禽兽肉，至于神农，人民众多，禽兽不足，于是神农教民农作。神而化之，使民宜之，故谓之神农也。”西汉初年的古书《淮南子》记载：“神农尝百草之滋味，一日而遇七十毒。”神农氏既是中国中草药的发明者和中华医药的始祖，也是中华民族的农耕的发明者和农业生产的始祖。

黄帝部落为姬姓，号轩辕氏，是一个具有游牧性质的部族。《史记》称其“迁徙往来无常处，以师兵为营卫”。黄帝从今陕西北部向东迁徙，沿着北洛水南下，在今大荔、朝邑一带渡过黄河，最后沿着桑干河走出山岭，在今河北北部涿鹿、怀来境内的平原上定居。炎帝部落从今陕西西部沿渭水向东迁徙，沿着黄河南岸到达今山东境内，又从山东渡河北迁，与黄帝部落相遇。两个部落在阪泉地区发生激战，史称“阪泉之战”。《左传·僖公二十五年》记载：“遇黄帝战于阪泉之兆。”杜预注：“黄帝与神农之后姜氏战于阪泉之野，胜之。”

阪泉之战是原始社会晚期发生在我国北方地区的一次大战，不仅古籍中多有记载，在近代考古发掘中也有重大发现。1992年，在山东临沂银雀山汉墓考古发掘中，出土了大批竹简，其中《黄帝伐赤帝》写道，“孙子曰，黄帝南伐赤帝，……战于反山之原”。反山就是古籍中记载的阪泉。有据可查的，在今延庆县西10千米的张山营，有阪泉河、上阪泉村和下阪泉村，是黄帝与炎帝阪泉之战的战场。《史记·黄帝本纪》中记载：“两村南原有清泉数处，故名。”唐《括地志》写道：“阪泉，今名黄帝泉，在妫州怀戎县东五十六里，出五里至涿鹿东北与涿水合。”据考，古怀戎在阪泉西，今古怀来旧城，修建官厅水库时已没入库中。黄帝南伐赤帝战争的结果，黄帝族赢得了胜利，两个部落结成联盟融合为一，部族联盟的名称以战胜者一方黄帝名号命名。炎黄结盟对开启中华文明史、实现中华民族第一次大统一有着重要的意义，从此炎黄两个部落的文化叠加在一起，在生产方式上，黄帝族接受了炎帝族的农耕文化，彻底改革了以往的游牧生产方式。

合符釜山建立华夏古国

阪泉之战后，在涿鹿又发生了黄帝和蚩尤之间的战争，这是原始社会晚期发生在我国北方的另一场大战。郦道元的《水经注》中也有涿鹿之战的记载，其云："黄帝与蚩尤战于涿鹿之野，留其民于涿鹿之阿，即于是也。其水又东北与阪泉合，水导源县之东泉。"《魏土地记》称涿鹿城东南六里有蚩尤城。综合此类记载，可知黄帝与炎帝展开决战的古阪泉就在秦汉魏晋的上谷郡。

这次大战之后，黄帝继续南征北战，《史记·五帝本纪》记载："天下有不顺者，黄帝从而征之。"直到黄帝控制了"东至于海，登丸山，及岱宗。西至于空桐，登鸡头。南至于江，登熊、湘。北逐荤粥"这样一个广阔的领域。在这种社会条件和历史背景下，黄帝将所有氏族、部落、部落联盟的首领召集在涿鹿县釜山合符契，举行了政治大会盟，即司马迁所说的黄帝"合符釜山"。

合符釜山，是炎帝氏族、黄帝氏族和以蚩尤为代表的"九黎集团"的多氏族、多部落的大融合，奠定了中华大统一的社会基础。

“诸侯咸尊轩辕为天子”，定都于涿鹿之阿，筑城于涿鹿平川上，在中华大地上创建了前所未有的强大部落联盟，形成了统一的天下认黄帝为共主的华夏古国。《史记·五帝本纪》载：“（黄帝）邑于涿鹿之阿。”《淮南子·原道训》云：“黄帝始立城邑以居。”《天府广记》提到，黄帝战胜元凶之后而为天子，“建都涿鹿之阿，以兵为营卫，即今京师之地”。孙中山颂曰：“中华开国五千年，神州轩辕自古传。创造指南针，平定蚩尤乱。世界文明，唯有我先。”

黄帝城与黄帝陵

黄帝城，即涿鹿故城，亦称轩辕城。位于涿鹿县矾山镇三堡村北 50 米处，现属河北怀来，紧邻北京的延庆县界。《天府广记》载：“今保安州西南九十里有涿鹿山，黄帝破蚩尤于此，州东南四十里有轩辕城。”

黄帝城呈不规则方形，北宽南窄，占地面积约 35.5 平方千米。此城的东城墙南段已浸没于轩辕湖中，其他三面尚有残存的城垣，皆用夯土筑成。过去城址地面上散落着不少陶片，有陶鼎足、鬲足和口沿残片等，还曾采集到完整的石杵、石斧、石纺轮、石簇、石刀等[1]。其中有相当部分遗物的年代在距今五千年左右，与黄帝的年代相符。

[1] 王北辰：《黄帝史迹涿鹿、阪泉、釜山考》，《北京大学学报（哲学社会科学版）》1994 年第 01 期。

从近年的考古发现看，涿鹿所在的张家口地区的确是多种原始文化接壤处。位于张家口阳原县桑干河畔的泥河湾遗址群，发现了距今200万年前的、可以复原的远古人类的进食场景。我国著名地质学家和古生物学家、“北京猿人”的发现者之一贾兰坡院士和他的同事们，在泥河湾盆地小长梁遗址发现了大量的世界上最早的细小石器，确证“泥河湾期的地层才是最早人类的脚踏地”。于是贾兰坡院士认为，在160万年前，就有如此进步的石器，证明人类起源比过去的认识要早得多。

《史记·五帝本纪》记载：“黄帝崩，葬桥山。”桥山就是中华始祖黄帝的葬地。河北省《涿鹿县志》中提到，桥山位于今涿鹿城东南20千米处，以山顶有天然形成的拱形石桥而得名。北魏拓跋氏称自己是黄帝的子孙，《魏书》里多次记录皇帝到涿鹿桥山祭拜黄帝。如《魏书·太宗纪》载：“壬申，幸涿鹿，登桥山，观温泉，使使者以太牢祠黄帝庙。”现今在陕西省子长县、延安市黄陵县都有桥山和黄帝陵，河南有黄帝陵，甘肃东部桥山有黄帝陵，陕西北部上都桥山有黄帝陵，北京平谷也有黄帝陵。清代学人朱彝尊说：“今平谷之陵，人多疑流传之误。然帝既都涿鹿，则葬于此，理亦有之。抑衣冠之葬，或者非一处也？”这一处又一处轩辕黄帝陵墓，表达了炎黄子孙对这位人文初祖的敬仰、挚爱和怀念之情。

北京最早的地名——幽都、幽陵和幽州

黄帝去世后葬于其发祥地北京的史实，还从北京古称“幽都”“幽陵”中得以证明。在《史记·五帝本纪》中，记载黄帝之孙名高阳，黄帝崩即位为帝颛顼。据《通典》记载：“颛顼都于帝邱，其地北至幽陵。”当时北京地区名幽陵，帝颛顼曾“北至于幽陵”祭祀黄帝陵。唐李昂作有《从军行》：

幽陵异域风烟改，亭障连连古今在。夜闻鸿雁南渡河，晓望旌旗北临海。

颛顼的后代是大名鼎鼎的帝尧，《墨子·节用》记载：“古者尧治天下，南抚交趾，北降幽都。”《尚书·舜典》曰：“流共工于幽州。”《括地志》中有云：“故龚城在檀州燕乐县界，故老传云舜流共工幽州，居此城。”《括地志辑校》记载：“共工城在檀州燕乐县界，故志传之，舜流共工幽州，居此城。”燕落村在碧波荡漾的密云水库北岸，1958 年修建密云水库，燕落村南的古城被淹没于水库内。

尧死后由舜继位。舜咨询四岳，选贤人，治理民事，并选拔治水有功的禹为继承人。《大戴礼记》载曰：“虞舜以天德嗣尧，布功散德，制礼朔方，幽都来服。”自舜始，将天下九州扩展划分为十二州。《天府广记》记载：“及舜继位，以冀地太广，始分冀东恒山之地为并州，东北医无闾之地为幽州，又分辽东等处为营州，皆冀也。”《晋地道记》载：“舜以冀州南北广大，分燕地北为幽州，因幽都以为名。”综合上述记载，可知似乎早在五帝时代，北京就被称作了幽都、幽陵和幽州，说明古人很早就把黄帝的历史与北京连在了一起。

北京地区最早的城市——蓟城

在北京地区结束石器时代而进入青铜时代的历史时期，即我国夏、商时期。据历史文献记载、考古发掘和文字进化史的研究，北京地区筑城的历史当始于商末或更早一些，至迟也不会晚于周初。周初分封“黄帝之后于蓟”“封召公于燕”的事实，是在商朝或其中、晚期已经存在的两个小国。受封者沿用其名，并非受封后才出现燕、蓟。

公元前 11 世纪初，周武王灭商以后，分封贵族管理今北京地区蓟和燕这两个小国。《水经注》：“黄帝与蚩尤战于涿鹿之野，留其民于涿鹿之阿。”《礼记・乐记》：“武王克殷，反商，未及下车，而封黄帝之后于蓟。”说明釜山合符后，已有先民在黄帝的统领下，通过居庸关南下进入北京小平原，来到北京湾的腹地。有一部分定居在永定河畔耕种农业，在今北京市区西南隅，高梁河畔开渠引水，建立蓟城，直到武王“封黄帝之后于蓟”。

▲ 蓟城纪念柱

“宣南”泛指今宣武门外至广安门内外一带，是公元前 1046 年北京建城之始和公元 1153 年建都的肇始之地。公元 1995 年 10 月，在广安门外建立“蓟城纪念柱”，纪念北京建城 3040 年。著名历史地理学家、北京大学教授侯仁之先生亲自撰写的《北京建城记》镌刻在柱前的石碑上。

▲ 董家林北燕古城遗址

被周武王所封的黄帝后人，目前尚无可稽考，只知其建都于今北京西南的蓟城，是北京最早的城邑。

《史记·世家》载：“周武王之灭纣，封召公于北燕。”召公受封之“北燕”，历史文献上曾称为“中都”，20世纪60年代被考古工作者发现，即今北京房山区琉璃河董家林之古城遗址。经考古发掘测定，这座古城大致呈东西向的长方形。北部城基长829米，保存较好；南部城基已被大石河冲毁；东、西城基各残留北半段约300米，估计长度达700余米。城基采用分层夯筑，城墙内有内护坡，城墙外有城壕环绕。城内中部偏北为宫殿区，已发现宫殿建筑的夯土台基和陶质绳纹水管等。在宫殿区的西南部，发现4处用于祭祀的牛马坑和占卜用的甲骨。城内西北部为手工业作坊区和平民生活区，发现有居住、窖穴遗址。在村东南一里许的黄土坡村，还发现西周时期的大型墓葬群。

随着社会的发展，燕国不断强盛，逐渐扫平了燕山南北的割据势力，地处南北交通要冲的蓟被燕所灭。大约在西周末或春秋早期，燕国把国都迁到了蓟城，董家林村的西周燕国都城随之被放弃。这就是《通志·都邑略》里所记载的“北燕都蓟，幽州治”。《韩非子·有度》中也有此记载：“燕襄王以河为境，以蓟为国。”

燕国的政治、军事力量，在西周时期不断发展，以今北京地区为中心，势力范围可达河北省北部、山西省东北及辽西等地，成为北方强国。到战国时，燕与秦、楚、齐、赵、魏、韩并列“七雄”。当时，作为燕国都城的蓟城，与赵国的邯郸、齐国的临淄、楚国的宛(今河南南阳)和著名的洛阳齐名,已是富冠天下的名城。《史记·货殖列传》记载：“夫燕亦勃、碣之间一都会也。”《盐铁论》中曰：“燕之涿、蓟，富冠海内，为天下名都。”《史记·燕世家》载道:“自召公以下九世至惠侯……自惠侯以下八世至庄公，始称公，自庄公以下十九世至易王始称王，自易王至燕王喜凡七世，灭于秦……”燕国传位凡四十四世，历八百二十余载，在当时是各封国中，历史最长的一个强国。而蓟城自燕迁都后，一直是燕国的国都。随着燕国的强盛，出现了北方、东北方与中原各族融会交流的局面，华北地区生产水平不断提高。

秦始皇二十一年（前226）灭燕，蓟地成为广阳郡。汉高帝封卢绾为燕王,更名燕国。王莽改曰广有,县曰伐戎。两汉、魏、晋、唐至辽代都曾设置过幽州，蓟城一直是幽州的治所。城内有万载宫光明殿，东掖门下有前燕慕容儁立铜马处。唐玄宗开元十八年（730），分割幽州东部的渔阳、玉田、三河等三县另置蓟州，治所在今天津蓟县，后世蓟的名称逐渐用来专指现在天津市的蓟县地区，原来的幽州蓟城则称幽州城，一般不再专称蓟。在北京城的发展史中，战国、汉魏时的蓟城，唐代的幽州城，都起到了承上启下的作用。

作为国家经济命脉，大运河促进了国家的统一，强化了国家和民族的认同感，也见证了国家政权的兴衰和政权变革。国家统一时大运河繁荣，分裂时大运河衰败，这便是历史发展的规律。

第二章　开渠济漕——北京首都地位形成的轨迹

▲ 大运河遗址

中国开凿的人工运河，有明确记载的最早见于《左传》鲁哀公九年（周敬王三十四年、吴王夫差十年）：“秋，吴城邗，沟通江淮。”这段历史叙述了公元前486年，吴王夫差打败越王勾践以后，为准备战胜齐国争霸中原，于是筑邗城（今扬州），开凿沟通长江和淮河的“邗沟”。晋代的杜预在《春秋左传集解》中说：“于邗沟筑城穿沟，东北通射阳湖，西北至末口入淮，通粮道也，今广陵邗江是。”邗沟南起邗城以南的长江，北至淮安城北末口的淮河，是中国历史上最早由人工开凿的运河。

北京地区沟渠与运河的开凿，始于3000年前的燕国故都蓟。蓟城在防守北边的军事上占有重要地位，它是中原地区汉族抵御北方游牧部族入侵的天然屏障，万里长城就逶迤于幽州城北的燕山山脉向东西两面延伸。北方的游牧部族只有打通这里，才能比较容易地进入华北大平原。因此，对华北大平原上的汉族来说，蓟城也正是必守必防之地，有如华北平原北部的一个门户。大业四年（608）隋炀帝开凿永济渠，西通长安，南达余杭（今杭州），北至涿郡（蓟城），进一步沟通了南北经济、文化。蓟城位于隋唐大运河的最北端，已成为大运河的终点，北方军事重镇。而在大运河开通后的数百年里，北京逐渐发展成为全国的政治中心。

作为国家经济命脉，大运河促进了国家的统一，强化了国家和民族的认同感，也见证了国家政权的兴衰和政权变革。国家统一时大运河繁荣，分裂时大运河衰败，这便是历史发展的规律。隋代大运河为唐宋时期帝国政权的维护和经济、文化的繁荣提供了有力支撑；京杭大运河加强了北京地区的政治和军事地位，为北京地区在唐宋以后成为中国古代的政治统治中心、经济管理中心，军事指挥中心、文化礼仪活动中心奠定了基础。[1]

北京最早开凿的沟渠

我国古代的运河常以沟、渠来命名，大运河中的“运河”两个字，是宋代以后才出现的名字。北京地区最早开通的沟、渠，在战国时期已有记载。

[1] 赵云：《三千公里大运河讲述的中国故事》，2020 年 1 月 3 日《学习时报》，第 6 版。

北京早期的城邑蓟的选址，与高梁河和㶟水（今永定河）关系密切，高梁河是从更新世晚期直至东汉末年的古永定河河道，它曾起源于㶟水，向东流经八宝山北、田村、半壁店接今紫竹院以下河道。㶟水在东汉以后开始改道南迁，但有今紫竹院附近泉水的不断汇入以及原有水体残存形成的湖泊，从今紫竹院以下的河道斜穿过整个今天的北京城后，于当时的蓟城东南再次汇入㶟水。

有关东周时期蓟城的所在地，过去曾认为与今北京宣武门西侧的白云观有关。依郦道元的《水经注》记载：“昔周武王封尧后于蓟，今城内西北隅有蓟丘，因丘以名邑也，犹鲁之曲阜，齐之营丘矣。”所以有学者据此认为今北京白云观西墙外的一处高丘即是蓟丘，从而推测战国时的蓟城也在这里。但在1974年考古发掘时，发现此丘原是一处蓟城西北角的残垣遗址，在城基夯土下面还压着两座东汉墓，判定墓葬早于城墙，显然该城的修建年代要晚于东汉，故东周至东汉的蓟城遗址至今仍在探索之中。

随着考古发掘的进一步发现，人们对此问题又有了更为深入的认识。1957年，在广安门以南700米处，发现了战国和战国以前的宫城遗址。在尚未见底、厚达一米以上的古文化层中，出土有燕宫城所用饕餮纹半瓦当和接近西周的器物，是为周初蓟宫城营建地，以后相沿到北魏时期。1973年和1974年先后在宣武区法源寺（位于宣武门外西南）附近和其西南部的地图出版社院内发现两处战国墓葬群。而且，在永定门火车站、陶然亭、天坛、蒲黄榆等地也相继发现很多战国至汉代的小型墓葬。考古学者据此推测，东周至汉代的蓟城南垣可能在地图出版社、法源寺以北一线。

比开渠进步的凿井技术

1956 年在配合永定河引水工程的考古发掘工作中，自会城门村东经白云观、象来街至和平门一线，发现 151 座战国至东汉时期的古瓦井，其中属战国时期的 36 座，属汉代的 115 座。战国时期的古瓦井由多节瓦制井圈叠砌而成，汉代的瓦井结构比战国时期的井圈矮而直径加大。这些瓦井群分布密集的地段，在宣武门西豁口两侧象来街至和平门一带，有的地方 6 平方米之内就重叠有 4 处古瓦井遗址。1965 年，在配合市政工程的考古发掘中，在宣武门外东西一线、广安门内外，以及宣武区法源寺东北，又陆续发现了 65 座东周和汉代的古瓦井。分布最为密集的地段仍在北京宣武门东至和平门一带，计有 50 余座，有的陶井中还带有燕国陶文。这些不同时代、不同类型的水井密集地出现在同一范围，说明当时人们已经利用地下水来解决生活和农业灌溉用水，这与单纯开凿河湖水源相比，技术水平显然有了很大进步。考古学者据此推测，东周至汉代的蓟城遗址或许就在宣武门、和平门这一带地区。东汉以后蓟城城址向西移动，这可能与原蓟城所依附的高粱河古河道南迁有关。

高梁水出蓟城西北

对于蓟城的位置，北魏地理学家郦道元所著《水经注》，还有以下记述：

> 灅水又东径燕王陵南，陵有伏道，西北出蓟城中。景明中造浮图建刹，穷泉掘得此道，王府所禁，莫有寻者。通城西北大陵，而是二坟，基趾磐固，犹自高壮，竟不知何王陵也。灅水又东南，高梁之水注焉，水出蓟城西北平地，泉流东注，径燕王陵北，又东径蓟城北，又东南流。《魏土地记》曰：蓟东十里有高梁之水者也。其水又东南入灅水。又东至渔阳雍奴县西，入笥沟。

依照《水经注》的记载，高梁河发源之后，泉水向东流经燕王陵，再向东流经蓟城北，接着转向东南流，曾经过蓟城之东十里的地方，最后向东南流入灅水。灅水再向东流到渔阳雍奴县西，入笥沟。渔阳雍奴县在今天津市武清区东北。笥沟即潞河，是白河合温榆水后的下游水道，即今北运河的前身。

侯仁之先生认为，向蓟城故址西北探寻“灅水出蓟城西北平地”的流泉，唯一可能是高梁河上源的，只有现今紫竹院湖泊的前身。原始的高梁河水道，自紫竹院湖东注，经过现在的白石桥下，迤逦而东，直到高梁桥，这段河道曲折，虽经历代疏浚，仍然呈现出平原上弯曲河的原始形态。就蓟城故址而论，这正是它的北方。

1956年春天，永定门外以东安乐林的工地上，出土唐建中二年（781）“棣州司马姚子昂墓志”，志称“葬于幽州城东南六里燕台乡之原”，唐代幽州城就是北魏时的蓟城。因为唐朝幽州的治所，设在蓟城，所以有这样的称谓。志文中还有这样一句话：

左带梁河，近瞩东流之水；右临城郭，西接燕王之陵。

墓地面南为阳，左东右西。“左带梁河”就是说墓地的东方为高梁河，因为文字对偶的关系，省去了一个“高”字。高梁河由北流向东南，故略称“东流之水”。“右临城郭，西接燕王之陵”，就是说墓地西方为幽州城或称蓟城的城郭，西面还有燕王陵。燕王陵故址在蓟城东南，传说是战国时燕昭王的陵墓，这为蓟城的位置提供了有利证据。《水经注》里提到，燕王陵有两座，陵有伏道，陵墓基趾磐固，犹自高壮。作为地理学家的郦道元做事非常认真，知道就说知道，不知道就说不知道，他说“竟不知何王陵也”，不知道是哪两位燕王的陵墓。

比《水经注》略晚的《魏书·地形志》，记述道：“蓟，二

▲ 紫竹院湖

汉属广阳，晋属，有燕昭王陵、燕惠王陵、狼山神、戾陵陂。”这是最早关于蓟城外有燕昭王陵和燕惠王陵的记载。唐人所撰《北齐书·范阳王绍义传》也给出同样的说法：“其日，绍义适至幽州，闻周总管出兵于外，欲乘虚取蓟城，列天子旌旗，登燕昭王冢，乘高望远，部分兵众。”北齐（550—577），是中国南北朝时期的北朝割据政权，范阳王绍义初封广阳，徙封范阳。绍义与北周作战失败，听说守备蓟城的周朝官兵外出作战，认为这是夺取蓟城的好机会，便列天子旌旗，登上燕昭王冢，乘高望远，指挥三军进攻。这是最早明确燕昭王冢在蓟城外的记载，看来这些陵墓的封土都很高大，可以站在上面指挥作战。

待到金朝扩建中都城，准备把两座燕王陵迁至城外，才发现过去的传言并不可信，其实这是西汉燕灵王刘建和燕康王刘嘉的陵墓。

初，两燕王墓旧在中都东城外，海陵广京城围，墓在东城内。前尝有盗发其墓，大定九年（1169）诏改葬于城外。俗传六国时燕王及太子丹之葬，及启圹，其东墓之柩题其和曰“燕灵王旧”，“旧”古“柩”字通用，乃西汉高祖子刘建葬也，其西墓，盖燕康王刘嘉之葬也。（蔡）珪作《两燕王墓辩》，据葬制名物款刻甚详。

东墓在今和平门外西琉璃厂南侧，金朝扩建中都城前位在蓟城东城墙外，扩建后陵墓被圈在中都东城之内。由于陵墓在城市里妨碍中都城的规划，所以在大定九年迁陵至温榆河东北。《顺义县志·疆域志区域》中“燕王庄条”载：“在温榆河东北，汉燕灵王、康王陵移葬于此，原称燕王冢。”燕王冢所在地现称燕王庄，但至今没找到王陵所在，尚需进一步探讨。

开凿莲花池兴建蓟城

高梁河故道遗存所形成的莲花池水系，为蓟城提供了主要水源。蓟城的营建，便导源于流结西湖，从西湖开凿渠道，引水进入人工挖掘的护城河。从蓟城初立，到战国燕都、唐幽州城、辽南京城直到金朝中都城，都是依赖莲花池水系发展而来。

对于开凿河渠兴建蓟城的历史，北魏地理学家郦道元所著《水经注》，有以下记述：

> 㶟水（今永定河）自南出山，谓之清泉河，……漯水又东，迳广阳县故城北。谢承《后汉书》曰：世祖与铫期出蓟，至广阳，欲南行，即此城也。谓之小广阳。漯水又东北，迳蓟县故城南。《魏土地记》曰：蓟城南七里有清泉河，……漯水又东，与洗马沟水合，水上承蓟水，西注大湖。湖有二源，水俱出县西北平地，导源流结西湖，湖东西二里，南北三里，盖燕之旧池也。绿水澄澹，川

亭望远，亦为游瞩之胜所也。湖水东流为洗马沟，侧城南门东注，昔铫期奋戟处也。其水又东入。

㶟水即今永定河，洗马沟即今莲花河，因东汉大将姚期到北方作战，常在此洗马歇息而名。西湖即今广安门外的莲花池，又称“太湖”“南河泊”。《明一统志》称，西湖“广袤十余亩，旁有泉涌出，冬不冻，东流为洗马沟”。“旁有泉涌出”，说明莲花池旁边有泉水，即《水经注》所说的“湖有二源，水俱出县西北平地导泉”。湖水来自蓟城西北平地泉水流入，自此东流之洗马沟，也就是现在自莲花池向东转而南的小河。这条河当年南流再东转入㶟水，现在则中途被人工开渠导入北京外城的西护城河，以下的故道也因此逐渐消失。《水经注》说：“湖东西二里，南北三里，盖燕之旧池也。绿水澄澹，川亭远望，亦为游瞩之胜所也。”这是北魏及以前莲花池的规模和景观，也是水上风光极佳的郊游风景区。

《水经注》所称：“湖水东流为洗马沟，侧城南门东注，昔铫期奋戟处也。”可以由此大致推知蓟城南界所在位置。西汉末年，刘秀到蓟城招兵买马。王郎发文通缉刘秀，以十万户封邑悬赏其头颅。蓟城的守备接到王郎的檄书，立即派兵搜捕刘秀，刹那间蓟城内一片大乱。刘秀和他的随行人员催动坐骑直奔城南，百姓聚集围观，喧呼着挤满了道路，铫期骑马奋举长戟，怒目向左右

▲ 北京广安门外莲花池

大喊“跸”，众人纷纷退避。到南门时，城门已被关闭。铫期大怒，舞动铁戟，砍断城门上的铁锁，刘秀一行人等从南护城河飞驰而出，终于逃出了蓟县。这与《后汉书》所记相一致。说明自东汉以来，蓟城的城址没有改变。

泃水之战——北京最早的运河

春秋时期周王的势力减弱，诸侯群雄纷争。到公元前 403 年，逐渐形成了七个实力强大的国家：韩、赵、魏、齐、楚、燕、秦。燕国置有上谷、渔阳、右北平、辽西、辽东五郡。全境东北和东胡接界，西和中山、赵国接界，南边靠海并和齐接界。齐国与燕国虽然时有结盟，但终归战争不断。比如公元前 380 年齐国攻占燕国桑丘，公元前 378 年齐国再次攻燕，公元前 373 年林营之战燕国战胜齐国，公元前 355 年燕齐双方战于泃水，燕国再次击败齐国，等等。

燕齐泃水之战见于古本《竹书纪年》：“梁惠成王十六年，齐师及燕师战于泃水，齐师遁。”泃水又名泃河，是平谷境内最大的一条河流。有学者推断出了泃水之战的具体情况，梁惠成王十六年即燕文侯七年（前 355）秋天，齐威王兴兵数千人征讨燕国。齐国军队从国都营丘，今山东淄博市东北临淄区齐都镇发兵，在北界无棣水，今河北盐山漳卫南运河无棣河乘战船进入渤海，沿沽口循鲍丘水（潮河，蓟运河前身）逆流北上，过了津卢，攻入燕国。燕文侯接到边关警报，立即率师1万余人出战。燕国军队乘船顺泃河急流而下，与齐师会战于泃河入鲍丘水的河口一带。燕军人多势众，奋勇杀敌，又亏得泃河地区水路楫运，粮草供应及时，结果齐军惨败遁逃。这段历史表明，泃河是北京最早的漕运河，早在战国时期就开始有水运通航。

历史地理学家尹钧科曾指出："与北京地区其他河流名称相比，它（泃河）是最为古老、最为稳定的。"唐代诗人李清云写有《泃河渡》，描写泃河运送军粮的盛况："泃河流今古，云帆漫水来。鸟冲鱼儿遁，波涌堤岸拍。军粮积如山，车马运征埃。边关用武地，供给亦劳哉。"直到近代民国时期，泃河水运都是平谷一带重要的运输方式。

《三河县志》载，20世纪30年代泃河水路"北自平谷，南达天津。舟船往来，络绎不绝。商民输出输入货物，咸取道于兹焉……"同时期的《平谷县志》也有记载："平谷县境内以泃河、洳河为巨流，春冬作桥梁，夏秋用舟楫，以济行人，沿河田园多资灌溉。""县治南寺渠为泊船之所……凡蓟县、密云、平谷山中出产之核桃、果品等类，均由此处用船运往天津、唐山各地……"当时，水运码头在平谷镇东寺渠庄南原古渡口处，古诗"泃水流今古，扁舟晚渡开。鸟冲烟霭灭，人带夕阳来。车马通幽蓟，樵耕跨草莱。片帆新月上，淼淼隔征埃"，描写的就是傍晚时分，船只、车马依然往来穿梭的景象，"泃水晚渡"

成为旧城八景之一。

清同治十一年（1872），漕运改为海运，河道上来往驳船只运商货，水运渐衰。至民国初期，水运又兴，前芮营、英城、寺渠等渡口，经常有几十只木帆船来往运输。特别是前芮营渡口，帆船最多时到过一百多只。当时在河口两岸，建有平谷栈、峪口栈、顺义栈、密云栈、石匣栈、承德栈等六所栈房，共计三十多间。北京周边所产的各类干鲜果品、农副产品源源不绝地由小驳船或骆驼、车马运到栈内集中，再分别装船运往京城、唐山、芦台、天津、通县等地，返航时采办所需日常生活用品，运至前芮营渡口，卸货入栈。据记载，当时平谷年均出入物品总量重达 2.39 万吨。1938 年，侵华日军控制水运，河道淤塞，水运于 1940 年停止。2005 年，平谷人民政府整治城南泃河河道，重修大桥，桥东建迎泃亭，西立泃水晚渡碑，全文如下：

泃河古为泃水，源于河北兴隆，经蓟县入平谷，后向三河，再汇蓟运河，流注大海。

泃河水运不晚于战国，齐师及燕曾战于泃水，齐师遁。郦道元记泃水于《水经注》。终因陆运兴而废航于民国间。寺渠庄南为泊船之所，河路运输往返天津、唐山一带。泃河多渡口，寺渠渡尤为要津。平谷旧有八景，泃水晚渡即寺渠渡景。

故有寺渠桥，年久失修，今原地重建，通途南北。治理河道，使河清水晏。值此，于桥畔立泃水晚渡碑，令人遥思旧景，流连休闲，福祉于民。

兹当攻竣，勒石以记。

近年来，平谷不断加大河湖管护和水生态文明建设，积极推进“河长制”，以水清、岸绿、安全、宜人为目标，拟沿河建设十个各具特色的生态休闲公园，“泃水晚渡”也将以一种新的面貌再次呈现。

匕首还随督亢图

“匕首还随督亢图”是宋人钱惟演所写古诗《始皇》中的一句，涉及战国时与燕国生死攸关的督亢图和燕市悲歌、田光伏剑、图穷匕见三段悲壮的历史成语典故。

督亢图指督亢灌区图。到了春秋战国时期，我国的农田水利已经发展到能够建设大型人工灌区，燕国的督亢灌区就是当时最著名的灌区之一，也是北京平原最早的人工灌溉工程。督亢灌区即今拒马河沿岸的“房涞涿灌区”，位于北京平原的西南部，今房山区南部平原和河北涞水、易县东部平原，涿州的全部平原，是拒马河下游冲击洪积平原区。拒马河为北京市五大水系之一的大清河支流，也是河北省内唯一一条长年不断的河流。拒马河又名涞水河，督亢引水设计从上游河谷引拒马河水，打开出水口放水，河水缓缓流下，流入渠道浇灌农田；关闭入水口，河水止住不再流入，全都由人工控制。史书记载，督亢地区曾经“岁收粮粟数十万石”，燕国之所以能够位列战国七雄，督亢粮仓起了重要的作用。

自古以来，人们便说幽燕一带多有慷慨悲歌的豪侠之士。唐代文豪韩愈在《送董邵南游河北序》中起句即写道：“燕赵古称多感慨悲歌之士。”宋代文豪苏轼也曾赞叹：“幽燕之地，自古号多豪杰，名于图史者往往皆是。”荆轲、高渐离、田光就是其中的代表人物。其悲歌慷慨之气，成为幽燕豪侠轻死急人、视死如归的性格写照。

荆轲是战国时期著名刺客，自幼喜好读书击剑，为人慷慨侠义。后游历到燕国，与燕国的狗屠和善于击筑的高渐离结交。荆轲喜欢喝酒，经常与他们在集市上喝酒，喝得高兴时，高渐离击筑，荆轲则饮酒高歌，有时唱到伤心处，于是大声哭泣，抒发哀乐之情，旁若无人。唐代诗人李涉的《送魏简能东游》写道：“燕市悲歌又送君，目随征雁过寒云。”后人用此表现朋友间的情谊以及惜别的情怀，称“燕市悲歌”。

当时秦军攻灭了韩、赵两国，又向燕国南部的边界进军。燕太子丹非常忧虑，他用重金买下最为锋利的徐夫人匕首，并把毒药浸到匕首上，恭请田光谋刺秦王，以扭转局势。田光自知年老力衰，无法担当如此大任，就向太子丹推荐了好友荆轲。太子应允，

▲ 河北涞水

告诫道：“所言国之大事，希望先生不要泄露出去！”田光认为有节操的侠义之士，不该让人有所怀疑，在秘密告知荆轲所托国事以后，竟拔剑自刎而死。太子丹闻讯抚胸大恸，跪拜痛哭不已。清代诗人赵执信在《督亢怀古》中写道：“但隆郭隗礼，不洒田光血。”后来“田光伏剑”这一典故，被用来形容侠义之士信守诺言，即使牺牲生命也不负重托。

公元前 227 年，荆轲带着燕国的督亢地图和秦国降将樊於期的首级，将匕首藏在地图里边，前往秦国刺杀秦王。荆轲行到易水岸边，燕太子丹和宾客穿着白衣戴着白帽为他饯行。高渐离敲筑，荆轲和着节拍慷慨激昂地唱道：“风萧萧兮易水寒，壮士一去兮不复还！”众宾客都哭起来，而荆轲上车离去，始终不曾回头看一眼。荆轲入秦后，秦王在咸阳宫隆重召见了他，荆轲拿了督亢地图捧送给秦王，待到地图全部打开，匕首露了出来。“图穷匕首见”，秦王大吃一惊，连忙绕着柱子跑。幸亏秦王的随从医官用药袋击向荆轲，荆轲倒下后举起匕首投击秦王，可惜匕首被击到了柱子上。侍从和武士们一拥而上，结束了荆轲的性命。人们用“图穷匕见”这句成语，比喻形迹败露，事情到最后显露出了真相。

为尊崇义士荆轲，历代文人墨客题吟咏者不计其数。晋陶渊明的《咏荆轲》诗：“君子死知己，提剑出燕京。素骥鸣广陌，慷慨送我行……其人虽已没，千载有余情。”李白《结袜子》诗：“感

▲ 易县荆轲山

荆轲衣冠冢在易县荆轲山。辽代在荆轲衣冠冢上建有圣塔并寺院，俗称荆轲塔，2006年被国务院列为国家重点文物保护单位。元代在荆轲衣冠冢前建石像生，塔南立有明代“古义士荆轲里”石碑。与荆轲塔共立易水河畔的还有樊於期的血山镇陵塔，太子丹的燕子塔，左伯桃的黑塔和羊角哀的白塔，这五座塔各有传说，被赋予不畏强权，重义守信的正义之风，并称“五塔镇燕山”。

君恩重许君命，太山一掷轻鸿毛。”至今在河北省易县尚有荆轲山、荆轲衣冠冢、荆轲馆等古迹。

汉魏对北京运河的贡献

王霸漕运温榆河

温榆河在北京市东北部，河水源自居庸界“关山”诸泉，由八达岭、居庸关两臂山上的山泉水南流，汇至军都关，即“居庸故关”。“南流出关，谓之下口”，称关沟水。关沟一带有诸多名胜古迹，如居庸关云台、詹天佑墓、南口城、八达岭长城等。还有杨家将的传说故事。所谓“下口”，指南口而言。

最早利用温榆河向军都、居庸关等地漕运军粮的是上谷太守王霸。王霸，智勇双全，能战能守，东汉光武帝刘秀麾下功劳最大的战将之一，名列云台二十八将。史书上说他“世好文法”，“善抚士卒，死者脱衣以敛之，伤者躬亲以养之”。

刘秀称帝前兵微将寡，在蓟城遭遇王郎兵将的劫杀。刘秀一行人逃出蓟城，时值天寒，不顾蒙霜冒雪，立即南驰到下曲阳（今河北石家庄市晋州市西）。传闻王郎已经派出骑兵在后面追赶，大家都很害怕。等到了滹沱河，侦察的官吏回报找不到船只，不能渡河。刘秀命令大将王霸再去看看。王霸怕吓着大家，回来

▲ 居庸关云台

诈称："冰坚可渡。"等到了河边，河冰也合拢了。刘秀就令王霸护送渡河，待大部分人马已经踏冰过河只剩几匹马时，河冰才解冻。刘秀对王霸说："安定部众使大军得以安全渡河，是你的功劳啊。"从官吏在滹沱河寻找渡船的事情来看，河北地区应该很早就用船做水上运输了。

东汉初年，卢芳谎称自己是汉武帝后人，在匈奴支持下立为汉帝，建都九原县（治所在今山西忻州市），经常和匈奴军队一起侵扰、掠夺北方边境地区，边界各州郡无力抵抗。建武九年（33），刘秀任命王霸为上谷郡太守，率领屯守部队对抗匈奴，不限郡界。光武帝重视屯田，此前王霸带兵屯垦新安、屯垦函谷关，攻打荥阳、中牟盗贼，都取得很好的成绩。奉调上谷郡后"率领屯守部队如故"，一方面屯田守土抗击匈奴，另一方面伺机消灭卢芳。

王霸到任第二年，即奉命与吴汉等四位将军率军攻打卢芳的部将贾览，匈奴左南将军出兵几千骑兵援救贾览，王霸从高柳（治所在今山西阳高）追出边塞，一直战到平城（今山西大同市东北）之下，打败敌人，杀敌几百人。建武十三年，卢芳又联合匈奴、乌桓频繁侵扰幽州北部边地。王霸率领各郡解除刑枷刑具的囚犯六千多人，与镇守山西的骠骑大将军杜茂修整飞狐道，从代城（今河北蔚县东）到平城筑起三百多里的亭障、烽火、堡垒。

王霸在北方与匈奴作战多年，熟悉边疆事物，多次上书建议与匈奴结亲讲和，又建议运输可以由温水漕运，省去陆路运输的辛劳，其建议都得到采纳实施。《后汉书·王霸列传》所记："数上书言宜与匈奴结和亲，又陈委输可从温水漕，以省陆转输之劳，事皆施行。"这里的"温水"，古称温余水，即今温榆河；"漕"指漕运。唐章怀太子李贤注称："《水经注》曰，温余水出上古居庸关东，又东过军都县南，又东过蓟县北。益通以运漕也。"也就是说，还在东汉的时候，经过汉光武帝刘秀批准，王霸已经利用今温榆河溯水而上，向上谷郡运输漕粮，以抵御匈奴和乌桓。

王霸镇守上谷二十余年，一生共与匈奴、乌桓、卢芳大小数十百战，终于使进犯之敌卸甲称臣，最后南单于、乌桓投降，卢芳失败后病死，北部边疆终被平定。建武三十年（54），改封为淮陵侯。随着边界稳定和经济发展，过去为躲避匈奴侵扰，迁徙到居庸关、常山关（今河北唐县西北倒马关）以东的居民又回到本土，过上了安定的生活，使上谷郡的人口逐渐增多，达到"有户三万六千，人口十一万七千多人"。其间，温榆河发挥了巨大作用，漕运的军粮和燕南物资经今通州潞河可达居庸关一线；西北山区的板栗、水果等也顺水直下到通州等地销售，增加了上谷郡人民的收入，所以当地又俗称温榆河为果渠。

张堪引水潮白河

东汉初年，匈奴、乌桓、鲜卑等族乘东汉国势较弱之机，不断南下袭扰，蓟城以北的渔阳、上谷等郡成为防御的前线。渔阳县故城在今北京密云区西南三十里，当地称为城子，秦二世“发闾左戍渔阳”即此。

《水经注·沽河》云：“沽水（今白水）又西南流出山，径渔阳县故城西，而南合七度水（今怀九河），……沽水又南径安乐县故城东。”安乐县位于北京市顺义区西南古城村北，旧名安乐庄，系刘禅封地。公元263年，由刘备建立的蜀国被魏国所灭，当政的刘禅投降，被司马昭封为安乐县公，食邑万户，赐绢万匹，奴婢百人，就在洛阳住了下来。一日司马昭设宴款待刘禅，宴中演奏蜀中乐曲，蜀汉旧臣各个掩面流泪，唯独刘禅兴高采烈。司马昭问刘禅：“安乐公是否思蜀？”刘禅答道：“此间乐，不思蜀也。”这就是成语“乐不思蜀”的来源。还有一句谚语“扶不起的阿斗”，刘禅小名“阿斗”，后人常用“阿斗”形容庸碌无能的人。

鉴于渔阳地位的重要，光武帝刘秀先后任命几位有治理地方经验的官吏到这里做太守，其中郭伋、张堪最为突出。

郭伋少年时就怀有远大的志向和良好的操行，西汉末年任渔阳都尉。建武五年（29），在王霸任上谷郡太守前四年，郭伋担任渔阳太守。成语“竹马迎郭伋”，讲的就是郭伋诚实守信、一诺千金的故事。光武帝因卢芳占据北方，曾调郭伋任并州牧（治晋阳，在今太原市晋源区）。郭伋以前在并州做官，深受百姓爱戴。这次赴任出巡到西河美稷，有童儿数百，各骑竹马，于道次迎拜。伋问曰：“儿曹何自远来？”对曰：“闻使君到，喜，故来奉迎。”郭伋表示感谢。等到公事完毕，诸儿复送到郭外，问：“使君何日当还？”郭伋请部下官吏计算，把回来的日子告诉了他们。待到郭伋出巡回来的时候，比预定的日子早了一天，为了不对孩子们失信，他毅然停留在郊野外的亭子里，等到约定的第二天才进城。苏轼作诗曰：“十年不赴竹马约，扁舟独与渔蓑闲。”后人以此典称赞地方官守信。

郭伋初任渔阳太守，匈奴多次侵扰郡界，寇贼充斥。郭伋到渔阳后，宣示百姓有功必赏，捕杀盗贼首领，盗贼由此溃散。在他任职的五年中，当地户口增倍。他“示以信赏，纠戮渠帅”，“整勒士马，设攻守之略，匈奴畏惮远迹，不敢复入塞，民得安业”。

接任渔阳太守的张堪，继续沿用郭伋的治理方法，“捕击奸猾，赏罚必信，吏民皆乐为用”。张堪文武全才，曾征拜骑都尉，带领骠骑将军杜茂的部下士卒，在高柳击败匈奴。张堪在任八年，加强武备，亲率数千骑兵，击败匈奴一万骑兵的入侵，使得匈奴不敢再来侵犯，边塞地区得以安宁太平。他为政廉明、劝民耕种，开渠引沽水和鲍丘水，灌溉在狐奴山下开辟的8000多顷稻田，为北京地区的水稻种植业作出了巨大贡献。当地农民学会种植水稻，生活逐渐殷实富有，百姓编成歌谣唱道：“桑树茂盛无旁枝，麦结双穗丰收时。张君治理郡中事，其乐融融不可支。”至今顺义区仍是北京重要的米粮仓之一。

曹操开凿泉州渠

提起曹操，恐怕无人不晓。罗贯中在《三国演义》里，将其称为“治世之能臣，乱世之奸雄”。凡看过三国戏的，无论《长坂坡》，还是《群英会》，只要曹操一出场，一定是个大白脸的奸臣。在京剧脸谱里，白色代表奸诈、狠毒、阴险。其实，曹操精兵法、善诗歌，是位杰出的政治家、军事家和文学家，也是三国中曹魏政权的奠基人。不过，由于曹操的父亲曹嵩是宦官的养子，常常被人冷眼相看。

东汉末年，天下大乱，曹操在镇压黄巾起义军中，逐步扩充了军事力量。建安元年（196），曹操迎汉献帝到许县（今河南许昌），直到汉献帝禅位于曹丕前，许昌都是名义上的大汉都城。为表彰曹操勤王的功绩，汉献帝封曹操为司空，行车骑将军事，赐节钺。从此曹操控制了东汉朝廷，取得“奉天子以令不臣”“挟天子以令诸侯”的政治优势。

几年间，曹操东征袁术，攻占徐州，擒斩吕布，在官渡（今河南中牟北）之战打败北方最大的劲敌袁绍。建安九年（204），曹操北征袁绍之子袁尚，“于水口，下大枋木以成堰，遏淇水东入白沟，以通漕运”。淇水就是现在的淇河，经殷商故都朝歌（今河南淇县）南下注入黄河。过去淇水与白沟并不相通，“遏”的意思就是阻止淇水流入黄河，迫使它改道流注于白沟，增加白沟水量，以解决进攻邺城的军粮漕运问题。这样，从河南许昌北上的漕粮，便可溯黄河而上进入白沟，增强了10万曹军攻占袁尚巢穴邺城（今河北临漳县西南）的作战能力。邺城是魏晋南北朝时期中原地区富庶繁盛的大都市之一，曹操一举攻破邺城，自封冀州牧，将大本营从许昌迁到邺城。此后，东汉名义上的都城在许昌（今河南许昌东），实际政治中心是魏都邺城，开启了曹魏、后赵、冉魏、前燕、东魏、北齐六朝古都的邺城时代。

曹操击破袁尚后，又攻灭袁谭，兵进幽州，基本统一了中国北部。袁绍的儿子袁熙和袁尚窜入燕山，带领其残余部下和十余万吏民投奔乌桓。乌桓大单于蹋顿曾经得到过袁绍的扶持，便与袁氏兄弟结盟，他们多次从居庸关入侵幽州，兵锋直抵潞河沿岸，严重威胁着北方的安全。地处汉人与乌桓接壤的杂居地区（今北京、天津一带），广大人民受乌桓侵扰之害尤烈。

为稳定北疆，建安十一年（206），曹操决定北伐乌桓，以永绝后患。对乌桓作战，必须以北方重镇幽州为根据地，为解决运送军用物资和军粮的困难，曹操接受谋士董昭的建议，利用已开通的白沟运渠北上，“凿渠自滹沱入沽水，名平虏渠。又从泃河口凿入潞河，名泉州渠，以通海”。滹沱又称滹池，指滹沱河。白沟下游与滹沱河汇合，循平虏渠北流而入泃河，再经过泉州渠，循泒河进入潞河（今北运河），把河北与北京的河流串连成一体。潞河的上游是温榆河，可直达居庸关，下游为北运河，可达泉州（今天津市武清一带）境内，与渤海相通。这样，曹操就可以载粮从大本营邺城出发，一路顺水上行抵达居庸关或者辽西新河，取得讨伐乌桓的胜利。

曹操在黄河以北开凿白沟、平虏渠、泉州渠、新河等运道，初步形成海河水系，使华北平原上的各大河都汇流至天津，经海河而注入渤海。中原地区的各种物资，通过白沟、平虏渠、潞河可顺流抵达今天津的泉州渠南口，出海至东南沿海、辽东一带；循泉州渠上溯可进入新河，经滦河而通向辽东一带。它对完成中国北方的统一大业，促进南北交通的发展，并为以后西晋统一及隋唐大运河的修建，作出了重大贡献。

戾陵渠引水高梁河

东汉后期开始，蓟城一带陷入分裂割据势力的长期混战之中。其后曹操开凿泉州渠攻破三郡乌桓，统一中国北方大部分地区，北方的社会经济逐渐恢复。在当时的蓟城西北，出现了一个大规

▲ 历史上的天津码头

▲ 石景山

模引永定河水至高梁河的戾陵堰水利工程。戾陵堰水利工程引永定河至高梁河，东尽渔阳潞县，开辟多条渠道灌溉蓟城北、东、东南三方面土地万余亩，对解决古代北京用水以及后世金口河和坝河漕运，发挥了巨大作用。

刘靖修凿戾陵堰

刘靖字文恭，沛国相县（今安徽省濉溪县）人，他的父亲是扬州刺史刘馥。东汉末年，地方势力割据混战的结果，民散田荒，军队乏食。曹操在他所统治的区域推行屯田制度，刘馥到任后一方面安抚地方武装与百姓，另一方面发展生产，修坝蓄水“灌田千五百顷”，深受百姓爱戴。刘靖持节总管河北地区，便为百姓谋福利，实行屯田和开发水利，史书上说他行事“有馥遗风”。

刘靖升任镇北将军驻守蓟城，首先提出驻守边防最重要的策略是守防，除此之外没有更好的办法，而要做好守防，必须先分清百姓和蛮夷的界限。他开拓了边疆的防线，在险要的地方屯兵据守。同时，全力推行屯田制度，修凿拓宽了戾陵渠大堰，引水灌溉蓟州南北的大片农田，使田地能够连续三次种稻，边民每年可浇灌农田两千多顷，让国家和边疆的人民都得到利益。《三国志·魏书》中记载：

（刘靖）后迁镇北将军，假节都督河北诸军事。靖以“经常之大法，莫善于守防，使民夷有别”。遂开拓边守，屯据险要。又修广戾陵渠大堨，水溉灌蓟南北；三更种稻，边民利之。

晋惠帝元康元年（291），司隶校尉王密上表称颂刘靖有功于人民，应立祠供奉，于是在元康四年（294）九月二十日刻石立碑于蓟城东门大道左，扬名于后世。

根据《刘靖碑》记载，刘靖将军亲自登上梁山，观察地形，勘察瀔水。魏齐王嘉平二年（250），他派遣部下丁鸿率军士千人，在选定的地址上修筑了戾陵主堰，此堰高一丈、东西长三十丈、南北广七十步，因主堰在戾陵附近，故而得名。在戾陵水门，下接一条引水干渠，因形似车箱，故名车箱渠。通过车箱渠分出一部分河水，平地导流，注入蓟城西北的高梁河。再沿高梁河西岸开支渠，以达到灌溉农田、发展水稻生产的目的。这是一项巨大的水利工程，也可以说是一件功在千秋的政绩。它在山洪暴发的时候可以用来防洪，山洪乘堨东下，使百姓免遭山洪侵害；在平时则用以灌溉稻田，使地方取得丰硕的财政收益，“灌田岁二千顷”，管辖范围内受益的各类土地总计百余万亩。由于水利条件的改善，水稻产量提高，“三更种稻，边民利之”。

嘉平六年（254），刘靖去世，朝廷追赠他为征北将军，并晋封他建成乡侯爵，谥号为景侯。他的儿子刘熙承袭了他的爵位。

樊晨连通北运河

自刘靖修筑戾陵堰，㶟水成了高梁河的上源，此后㶟水“自堰枝分”，一部分河水流过戾陵堰坝体，继续向下游卢沟桥方向流去；另一部分受坝体阻拦，从车箱渠导入高梁河故道，浇灌蓟城北部大半个圈的千顷良田，然后重新汇入㶟水。

戾陵建在永定河北岸的梁山上，是汉武帝第三子刘旦的陵墓。元狩六年（前117），武帝册封刘旦为燕王，让他镇守边陲，都邑蓟。成年后的燕王“能言善辩，广有谋略”，喜好招揽游侠武士。汉武帝去世后，刘旦的弟弟汉昭帝刘弗陵即位。刘旦心中不服，多次密谋武装叛乱，终因事发自缢而死，王后、夫人随其自杀者二十多人。刘靖在戾陵附近建造水利工程，“水北有梁山，山有燕刺王旦之陵，故以戾陵名堰”。但戾陵堰究竟在何处？由于年代久远，至今仍是人们探索的课题。

景元三年（262），为扩大灌溉面积，主管河堤事务的官员樊晨奉命改进戾陵渠，更制水门，并延伸了高梁河水道。“水流乘车箱渠，自蓟西北迳昌平，东尽渔阳潞县。”樊晨从高梁水的中游今德胜门水关附近分出一条支流，循今坝河河道向东偏北而下，在潞县境内汇入潞水（即白河，今北运河），整个灌区从西到东，“凡所润含四五百里，所灌田万有余顷”，使灌溉面积扩大了五倍。这条支流，后来也成为金、元时期坝河漕运的主要力量。

▲ 德胜门外护城河

刘弘修复戾陵渠

晋元康四年（294），刘靖的小儿子骁骑将军、平乡侯刘弘，被朝廷任命为使持节监幽州诸军事，领护乌丸校尉、宁朔将军。这一年，北京地区连续发生了两次大地震。第一次在四年二月，《晋书》和《宋书》载："上谷（今北京市延庆东）、上庸、辽东地震。"第二次在四年八月，《晋书·五行志》并见《宋书·五行志》中曰："（元康四年）八月，上谷地震，水出，杀百余人。居庸地裂，广三十六丈，长八十四丈，水出，大饥。上庸四处山崩地陷，广三十丈，长百三十丈，水出杀人。"《宋书·惠帝纪》参见《册府元龟》："（元康四年八月）上谷居庸、上庸并地陷裂，水泉涌出，人有死者。"

晋上谷郡为燕国北长城的起点，统沮阳（今河北怀来县南）、居庸（今延庆东）两县，郡治在居庸。东扼居庸锁钥之险，西有小五台山与代郡毗邻，汇桑干、洋河、永定、妫河四河之水。这两次地震引起山崩地裂，洪水泛滥，戾陵堰也遭到破坏。到了第二年，即晋元康五年夏六月，永定河洪水暴发，毁损戾陵渠四分之三的坝体，只剩北岸七十余丈。

刘弘子承父志，亲临山川，指授规略。命司马关内侯逢恽，内外将士二千人，起长岸，立石渠，修主遏，治水门，门广四丈，立水五尺，兴复载利通塞之宜，准遵旧制，凡用功四万有余，受到大家的支持。“诸部王侯，不召而自至，襁负而事者，盖数千人。”仅用了三个多月时间就恢复了戾陵渠的功能。为铭记刘靖父子两代修造戾陵渠和车箱渠的功绩，元康五年（295）十月十一日，刊石立表，并记遏制度，作为后世永远遵从的标准。

裴延俊疏通督亢渠

后此二百多年间，北方进入十六国战乱时期，戾陵堰、车箱渠逐渐失修荒废。北魏肃宗神龟二年（519），裴延俊担任平北将军、幽州刺史，他上表要求修复这些水利工程造福人民。表章被批复后，裴延俊身体力行，亲自带人修复。他根据水势流向，分派劳工，很快就完成修复工程。《魏书》记载：“范阳郡有旧督亢渠，径五十里；渔阳燕郡有故戾陵诸堰，广袤三十里，皆废毁多时，莫能修复。时水旱不调，民多饥馁，延俊谓疏通旧迹，势必可成，乃表求营造。遂躬自履行，相度水形。随力分督，未几而就。溉田百余万亩，为利十倍，百姓至今（指北齐时）赖之。”修复后的水利设施可灌溉良田100多万亩，收利10倍。当地百姓种植、收获全赖于此，当地社会从此获得安定。

斛律羡“转漕”温榆河

北齐河清三年（564），斛律羡任幽州刺史，转使持节，都督幽、安、平、南、北营、东燕六州诸军事。为防备北方进犯，斛律羡从库堆戍直至东海边，依山势的屈曲计算，共计两千多里的线上布防，其中两百里中的险要之处，或劈山筑城，或断谷修造屏障，并置立戍逻五十余所。“又导高梁水北合易京，东会于潞，因以灌田，边储岁积，转漕用省，公私获利焉。”他把高梁水向北引入易京水（今温榆河），再向东注入潞水，继续向北扩大了灌区。“转漕用省”说明，向幽州地区运送粮饷已由陆运改为水运，节省了费用，减轻了财政负担；幽州百姓则因灌渠的延长而受益，由此“公私获利”。

首屈一指的隋唐大运河

公元581年，外戚杨坚迫使年轻的周静帝让位，史称隋文帝。杨坚曾官居隋国公之职，故国号为隋，年号开皇，定都长安（在汉长安旧城）。次年命宇文恺负责在汉长安城东南筑大兴城，即后来的唐长安城。以西京大兴为京师，东京洛阳为陪都，实行东西两京制。

从公元291年西晋王室内部发生争权夺势的八王之乱，到581年杨坚建立隋国，中国历史上经历了五胡乱华和分裂的南北朝时期。南朝作为汉族政权和东晋的延续，相继为宋、齐、梁、陈。北朝承继五胡十六国，包含北魏、东魏、西魏、北齐和北周五朝。隋开皇九年（589），隋文帝任命年仅20岁的杨广为兵马都讨大元帅，统领 51 万大军南下灭陈。隋军突破长江天堑，进驻建康，结束了近四百年的分裂割据局面，继秦汉之后中国又一次实现了大统一。

隋朝是中国历史上最伟大的朝代之一。杨坚统一全国，励精图治，国泰民安、经济繁荣、积蓄充盈，开创了开皇之治的繁荣局面。据《资治通鉴》记载："是时天下凡有郡一百九十，县一千二百五十五，户八百九十万有奇。东西九千三百里，南北一万四千八百一十五里。历代之盛，极于此矣。"只是当时都城有近百万人丁，粮食不能完全由八百里秦川供应。受地理环境制约，南方的粮赋沿黄河到了洛阳附近，很难再往上游运输。为此，在隋开皇四年（584），杨坚命人自大兴城西北引渭水，略循汉代漕渠故道而东，至潼关入黄河，开通从帝都到潼关的河渠，称广通渠。自此关东和江南的粮食货物可以抵达首都大兴城，关中赖之，故又称富民渠。不过黄河上有三门峡天险，漕运到了三门峡段就得改为陆运，仍然无法彻底解决都城的粮食问题。隋文帝开皇四年（584）九月，"甲戌，驾幸洛阳，关内饥也"[1]；开皇十四年（594）"八月辛未，关中大旱，人饥，上率户口就食于洛阳"，[2] 因为关中地区闹粮荒，连皇帝都得带着人跑到洛阳要饭吃。

---

[1] （唐）魏徵：《隋书》卷 1《高祖纪上》，北京．中华书局，1973 年版，第 22 页。
[2] （唐）魏徵：《隋书》卷 2《高祖纪下》，北京．中华书局，1973 年版，第 39 页。

杨广迁都洛阳

隋炀帝杨广于大业元年（605）即位，首先考虑到漕运问题。他说："洛邑自古之都，王畿之内，天地之所合，阴阳之所和。控以三河，固以四塞，水陆通，贡赋足。故汉祖曰：'吾行天下多矣，唯见洛阳。'"于是决定迁都洛阳，命尚书杨素为总管，宇文恺负责设计，每月"役丁二百万"人，展开了大规模的营建洛阳工程。第二年正月，帝都建成，富商数万家，人口过百万，洛阳成为全国政治、经济、文化和交通的中心。又在新都西郊修造西苑，周围二百里。苑内有人工海，方圆十多里，海内建蓬莱、方丈、瀛洲三神山，山上造许多亭台楼阁；海北有龙鳞渠流入苑内，渠两旁建有十六院，极其华丽，在中国园林史上占据着极其重要的地位。

《隋书》里说杨广"上美姿仪，少敏慧，高祖及后于诸子中特所钟爱"，"上好学，善属文，沉深严重，朝野属望"。杨广迁都洛阳，起到加强隋帝国南北联系、增进帝国对于南北地区控制的作用。以前京师长安则地处帝国的西北一隅，"关河悬远，兵不赴急"。迁都洛阳，则"控以三河，固以四塞，水陆通，贡赋足"，彻底解决了南粮北运的水运问题。迁都的同时，隋炀帝修建大运河。通过大运河，北达涿郡（今北京），南抵杭州的物资都可以运到洛阳。不但在政治上意义重大，对隋朝以后南北物

▲ 古都洛阳

▲ 太湖风光

资的交流，经济和文化的交融也有深远的影响。

鉴于对漕运的重视，杨广即位后，便于隋大业元年（605）指派工程专家宇文恺总负责，动用百万百姓，疏浚之前众多王朝开凿留下的地区性河道，清淤筑坝，修建隋唐大运河。除隋文帝时已通向大兴城的广通渠，新开大运河共分三段：第一段是通济渠，分别从洛阳西苑引黄河水通淮河，再引长江水与淮河水相通，成为沟通黄河、淮河、长江的重要通道；第二段是永济渠，引沁水东北通涿郡（今北京），自此北京成为大运河的终点；第三段，开通江南运河，从京口（今江苏镇江）南至余杭流入钱塘江。隋朝修建的大运河，虽起于北京、终于杭州，但经过洛阳，从地图上看呈“<”形。经唐、北宋长期的开凿、疏浚、整修，使得大运河在后代可以继续使用。

大运河开通后，以都城洛阳为中心，西通关中盆地，北抵华北平原，南达太湖流域，东至淮海，连通自北而南的海河、黄河、淮河、长江、钱塘江五大水系，全长两千多千米，成为迄今为止世界上里程最长、航线最长、工程最大的人工运河。我们所熟知的巴拿马运河全长约 81.3 千米，苏伊士运河约 172.5 千米，而隋唐大运河沟通的航道总计约 2700 千米；巴拿马运河于 1914 年通航，苏伊士运河于 1869 年启用，隋唐大运河建于公元 605—610 年，上下至少相差 1200 年。隋唐大运河从大业元年至六年（605—610），工程历时五年多，动用百万百姓，其工程之浩大，在中国乃至世界史上都是首屈一指的。

首开“通济渠”

大业元年（605），杨广力排众议，下令由杰出工程专家宇文恺主持，开掘隋唐大运河的首期工程，“发河南诸郡男女百余万，开通济渠，自西苑引谷、洛水达于河（黄河），自板诸引河通于淮”，首先连接了黄河与淮河。同年又征发淮南民夫十多万人开通山阳渎，引长江水经扬子（今江苏仪征市）到山阳（今江苏淮安县）与淮水相通。通济渠全长一千多千米，贯通洛阳到扬州的漕运，成为沟通黄河、淮河、长江的重要通道。

据《大业杂记》记载，通济渠水面阔四十步，通龙舟，两岸为大道，种榆柳。自东都至江都两千余里，树荫相交，每两驿置一宫，为停顿之所，自京师至江都，离宫四十余所。如此浩大而艰巨的工程，杨广要求从3月动工，到8月就全部竣工，创造了人类开凿运河的奇迹。当然，这种奇迹的创造，付出了血的代价。在凿渠和造船过程中，“役丁死者什四五”，官员以车载死丁，“东至城皋，北至河阳，相望于道”。

通济渠开通后，杨广立刻从洛阳登上龙舟，带着后妃、王公、百官，乘坐几千艘舳舻，南巡江都（今扬州市）。为此，隋朝时称通济渠为御河。《虞城县志》载：“偕皇后、嫔妃、贵戚、官僚、僧尼、道士等，分乘龙舟、杂船五千二百余艘巡幸江都。”

其“龙舟四重，高四十五尺，长二百丈，上重有正殿、内殿、东西朝堂。中二重有二百房，皆饰以金玉，下重有内侍处之”。皇后乘坐翔螭舟，除尺寸略小一点外，其装饰和龙舟无异。在龙凤舟前后，另有三重高的花、鸟、虫、鱼彩船九艘，作为流动的“浮景”以供帝妃、王储、公主们游乐。这些龙凤舟和“浮景”船队，组成水上宫殿群体。尾随其后的是各类随行官员的船只数千艘，其后还有补给船只，承载各种供奉之物，以备随时之用，这些无疑都加重了劳苦大众的负担。

作为封建王朝最鼎盛时期的交通大动脉，通济渠“枢纽天下、临制四海，舳舻相会、赡给公私”。为此，隋炀帝在洛阳周围建有许多大型粮仓，如洛口仓（又名兴洛仓）、回洛仓、河阳仓、含嘉仓等。这些仓城都储有大量粮食，其中洛口、回洛两仓，即多达2600多万石，它们中的一部分，便经通济渠从江淮一带运来。到唐、北宋时期，通济渠还起着重要作用，每年漕运量由唐初的20万石，逐渐增大到400万石，最高达700万石（约合今11.62亿千克）。但由于该渠除洛阳至黄河的一小段外，绝大部分为“引黄入淮”，为解决黄河水携带的大量泥沙，唐、北宋时均设有专门的部门，负责疏通河道。南宋以后，随着政治中心南移，通济渠的漕运地位逐步减弱。元、明、清三代，大运河的河道取直，由北京直达苏杭，通济渠断流成荒草堤。

▲ 隋炀帝下江南

开凿永济渠

大业四年（608）春天，隋炀帝为准备北征高丽，召河北诸郡100多万人开凿永济渠。“诏发河北诸郡男女百余万，开永济渠，引沁水南达于河，北通涿郡。”由于男丁不足，修渠时妇女也被迫服役，这在中国历史上也是很少有的。当时督工的是隋朝有名的工程师阎毗。阎毗喜好经史，多才多艺，精于书法和绘画，被周武帝宇文邕赏识，召为驸马，娶清都公主为妻。阎毗擅长制作兵器，被杨广任命为起部郎，之后又督工修长城，营建北岳恒山祭坛，任殿内丞。隋炀帝征辽东之前，为了满足漕运的需要，下令阎毗督建永济渠，从洛口开挖渠道抵达涿郡，成为隋唐大运河的主要组成部分。第二年，阎毗兼任右翊卫长史，负责在蓟城营建临朔宫。

永济渠长2000余里，南段引沁水通黄河，再从沁水向东北开渠，汇清水至今河南鹤壁市浚县。中段西入白沟，对曹操开辟的白渠旧河道进行改造扩大和延伸，至今天津市境与沽河汇合。北段自今天津西再转入永定河分支至涿郡。永济渠的修治，第一次开辟了从黄河直达蓟城的运道，也就是日后南北大运河的前身。

唐贞观十八年（644）用兵辽东，曾经由幽州顺桑干河东下，走的应是永济渠路线。宋代称永济渠为御河，从卫州以下可以航行三四百石的船舶，四季可以通航。庆历八年（1048）黄河在商胡（今濮阳县内）决口，黄河东流改为北流，之后御河问题渐多。洪水时冲决运河，枯水时黄河不再与御河相通，漕运要走一段陆路，这个问题直到元代郭守敬开通京杭大运河时才算解决。南宋朝，黄河、海河为金政权管辖，御河成为华北向中都运粮的重要通道，在管理制度上与宋朝基本相同。

整修江南运河

开皇七年（587）和大业元年（605），隋炀帝还两次整修拓宽邗沟。大业六年（610），又系统整修了江南运河。这样，由永济渠、通济渠、邗沟和江南运河组成的东西大运河把海河、黄河、淮河、长江和钱塘江联系起来。这条从西起长安东到杭州止的东西大运河，长度达3400余里，每年经这一航道自江淮向长安、洛阳漕运粮食三四百万石以上。

大运河开通后，对促进中国的商贸往来、经济发展，起到了巨大的推动作用。运河两岸的城镇码头因运河的航运而迅速发展与繁荣起来。运河南端的杭州，长江岸边的江都，运淮汇合处的楚州（今淮安），运黄汇合处的汴州（今开封）及运河中途的宋州（今商丘），商业繁荣、店铺林立。如唐人李吉甫在《元和郡县图志》中所言：“自扬、益、湘南至交、广、闽中等州，公家运漕，私行商旅，舳舻相继，隋氏作之虽劳，后代实受其利焉。”明清两代，“凡漕粮入津、芦盐入汴，率由此道”。北京城内所需物资，除江南海运或运河漕运之外，多由黄河漕运转淇门入卫河抵京，对中国北方地区的经济发展发挥了重要作用。

北京成为大运河终点

大业七年（611）二月乙亥日，隋炀帝自江都乘龙舟出发，经通济渠到洛口，渡黄河入永济渠，于四月庚午日龙舟到达蓟城。因文献记载的缺失，永济渠北段通到涿郡的具体路线只能结合唐宋文献记载分析，普遍认为幽州境内永济渠大体由今天津西信安镇，转西北经永清县城西接桑干河一条支流，沿着当时永定河（时称桑干河）的故道（即今凉水河），直抵蓟城南郊。不大可能由北运河（即潮白河下游）向东通过今通州进入北京。当时兵马辎重，都集中到蓟城，一切准备就绪，隋炀帝自将伐高丽。

《资治通鉴》记载大业七年秋七月：

> 发江淮以南民夫及船，运黎阳及洛口诸仓米至涿郡，舳舻相次千余里。载兵甲及攻取之具，往还在道常数十万人。

涿郡所指即蓟城。第二年正月又从涿郡出发到辽东，军人达113万，民夫又多一倍。大业八年春正月记载：

> 四方兵皆集涿郡，凡一百一十三万三千八百人，号二百万：

其馈运者倍之。宜社于南桑干水上，类上帝于临朔宫南，祭马祖于蓟城北。

所谓“宜社于南桑干水上”，当指蓟城以南桑干河畔，这里应是当时运河码头所在，临朔宫是蓟城行宫。这次出师，不利而返。到了大业九年至十年间，再度征兵，集中到蓟，《炀帝本纪》记载道：

九年春正月丁丑，征天下兵，募民为骁果，集于涿郡。

这次隋炀帝又亲到蓟城，督师前进，但是由于黎阳兵起，东都（洛阳）被围，遂引退。

应该说，隋开永济渠的初衷就是为了军事目的，当时消耗大量人力、物力，客观上给百姓带来了巨大灾难，但是大运河的历史作用在后代得到充分的显现。隋炀帝几次亲到蓟城大举出征，说明蓟城在经略东北方面的重要性；而蓟城本身，由于军需集中的结果，也形成了一时的富饶，《资治通鉴》记载道：

帝谋伐高丽，器械资储，皆积于涿郡人物殷阜，屯兵数万。

唐太宗时实行“贞观之治”，国势强盛。贞观十八年（644）冬，唐太宗决心亲攻高丽。次年四月，除分兵莱州（今山东莱州市）

▲ 北京宣武门外法源寺

泛海趋平壤外，唐太宗率主力，仍从陆路过蓟城趋辽东，并在蓟城南郊誓师。《旧唐书·太宗本纪》记载：

夏四月癸卯，誓师于幽州城南，因大飨六军，以遣之。

之后唐太宗便率军直赴辽东，远征高丽。但是遭到高丽军队的顽强抵抗，又加上天寒粮尽，军士死伤甚众，被迫而退。是年十一月，太宗兵退蓟城，为了抚慰阵亡将士、安抚军心，诏令在蓟城东南隅立寺悼念。于周武则天万岁通天元年（696）建成，获赐名“悯忠寺”。这就是现在法源寺的前身。以上史实，都可说明蓟城在汉族统治者经略东北时所起的作用。此时的北京，已成为大运河的终点，北方军事重镇。

首都地位的序曲

唐朝末年，各地藩镇纷纷自立为王，史称五代十国，中国历史上又进入了一段大分裂时期。各地藩镇争战不休的混乱局面，带给东北方面契丹族南侵的机会。公元936年，后唐的河东节度使石敬瑭起兵造反，遂以自称儿皇帝、割让燕云十六州为条件，请求契丹皇帝发兵救援。耶律德光趁机率5万骑兵从雁门关南下，帮助石敬瑭建立后晋。

石敬瑭称帝后将燕云十六州即幽州（今北京）、顺州（今北京顺义）、儒州（今北京延庆）、檀州（今北京密云一带）、蓟州（今天津蓟县）、涿州（今河北涿州）、瀛洲（今河北河间）、莫州（今河北任丘）、新州（今河北涿鹿县）、妫州（今河北怀来）、武州（今河北宣化）、蔚州（今河北蔚县）、应州（今山西应县）、寰州（今山西朔州东）、朔州（今山西朔州）、云州（今山西大同）的大片领土割让给契丹，使得契丹的疆域扩展到长城沿线。

燕云十六州被割让以后，契丹国改名大辽，升幽州为南京。契丹人也开始从单纯的游牧民族，转向游牧与农耕相交过渡。

升幽州为南京析津府

在北京的城市发展史上，辽代南京（也称燕京）的建立是一个重要阶段。因为正是从这时开始，北京从一个北方军事重镇向政治、文化中心城市转变，揭开了北京首都地位的序曲。

辽代设五京制度，以发源地临潢府为皇都上京（在今内蒙古自治区赤峰市巴林左旗）、大定府为中京（今赤峰市宁城县天义镇）、辽阳府为东京（今辽宁辽阳）、析津府为南京（今北京西南）、大同府为西京（今山西大同）。辽南京城虽然只是辽朝五京中的一个，但其战略地位却为人们所共识。上京临潢府是辽朝的政治中心，但偏居北方，若想控制中原大地则鞭长莫及。为巩固其统治并进而南下中原，南京城的战略地位无可替代。

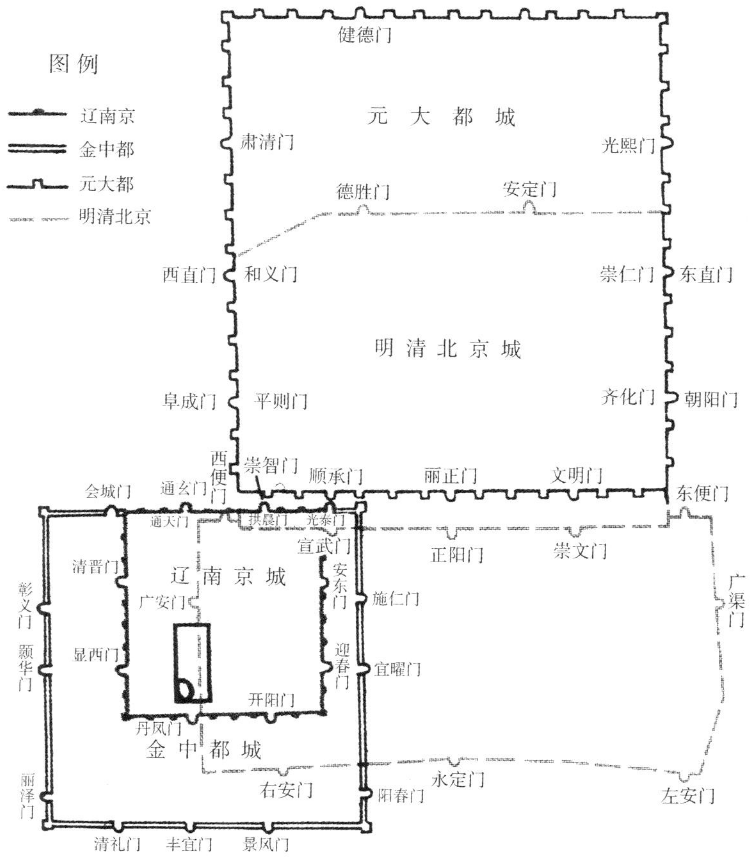

▲ 辽南京及金、元、明都城示意图

从表面上看，辽代的南京与过去的幽州相比，城垣如故，街市依旧，只是在城的西南角增加了一座在今天看来不大的皇城。但从城市性质看，却发生了根本转变。由契丹族建立的辽朝南部疆域已越过长城，到达今河北北部拒马河一带。这种形势所带来的直接结果是燕京战略地位的转变，它由中原政权防范北方民族的军事基地变成新兴的北方民族政权——契丹进入中原的头等中心城市，以及契丹继续向中原腹地进击的前哨中枢。统一北方的辽代政权，从938年契丹正式建立南京，到1122年金人入主燕京，前后经营长达180多年。在这段时间里，辽朝的首都虽然仍在草原上的上京临潢府，但实际上燕京是辽朝五京中经济、文化最发达的城市，也是唯一能与北宋都城开封相抗衡的城市。

辽南京所统辖范围大体在今北京、天津、河北一带，政府每年税入的一半取给于这个地区。《契丹国志》曾记述："南京户口三十万，大内壮丽。城北有市，陆海百货聚于其中。僧居佛寺，冠于北方。锦绣组绮，精绝天下。膏腴蔬蓏、果实、稻粱之类，靡不毕出，而桑、柘、麻、麦、羊、豕、雉、兔，不可问知。水甘土厚，人多技艺，秀者学读书，次则习骑射、耐劳苦。……既筑城后，远望数十里间，宛然如带，回环缭绕，形势雄杰，真用武之国也。"其经济文化兴旺发达，可见一斑。

但是，由于南京城庞大的行政机构和众多的城市人口，所以每年不得不从西京和地处辽河平原的东京等地调运粮食。从西京调运粮食需要陆路，而从辽河平原征集来的粮食，则需要先从陆路运抵天津，再换驳船河运至潞县（今通州），然后再陆运到南京城。从潞县到南京城的数十里路程，人赶畜驮并不是件容易的事情，何况夏秋多暴雨，致使道路泥泞，多有艰难。这样不仅误时，而且所费不赀。如何发展漕运，便成为南京城急需解决的问题。

辽景宗的皇后萧绰

辽朝的太后都姓萧，所以辽朝有多位萧太后，本文所说的萧太后是辽景宗耶律贤的皇后萧绰。

按照《辽史·后妃传》“序”的说法，“太祖慕汉高皇帝，故耶律兼称刘氏，以乙室、拔里比萧相国，遂为萧氏”。亦即契丹开国皇帝耶律阿保机在位期间，由于追慕汉高祖，自己兼姓刘氏。他还认为凡追随自己左右的乙室、拔里（辽代皇后族的两个重要部落），也应该以汉高祖的丞相萧何为榜样，将后族一律改姓“萧”。阿保机的皇后述律平虽未改姓，但她的两个弟弟都改姓萧。所以，萧姓包括乙室氏、拔里氏和述律氏。

根据碑刻资料，辽代契丹皇族，即耶律氏封爵皆以漆水为郡望，兼汉姓为刘。是契丹人以黄帝为其远祖，将自己比为后稷、唐尧的后裔，与周、汉一脉相承。萧姓则以兰陵为郡望封爵，称其先祖是兰陵人，将自己附会为萧何的后裔。自此以后，“萧氏”

的女儿许配给耶律氏，耶律氏的女儿又都许配给“萧氏”。因此，有辽一代，萧氏共有13位皇后、13位王、1位北府宰相、20位驸马。萧氏成了辽国仅次于耶律氏的权贵势力。辽代虽也有异姓后妃，但是太后清一色姓萧，都称萧太后。

萧绰，又名“燕燕”，生于辽穆宗应历三年（953）。萧绰天生丽质，不仅擅长骑射打猎，而且精通诗文琴艺。萧绰的父亲萧思温属契丹后族，迎娶辽太宗之女燕国公主，拜为驸马都尉，任南京留守。萧思温因拥戴辽景宗继位有功，晋封为北院枢密使、北府宰相、尚书令、魏王，并且征召他的第三个女儿萧绰为贵妃。萧绰入宫后很得辽景宗宠爱，入宫三个月即被册封为皇后。辽景宗自幼体弱多病，面对日渐衰微的国势，便极力扶持业已成为皇后的萧绰出来理政。《契丹国志·卷六》记载：“燕燕皇后以女主临朝，国事一决乎其手。大诛罚，大征讨，番汉诸臣集众共议，皇后裁决，报之帝知而已。”她甚至“亲御戎车，指麾三军，赏罚信明，将士用命”。这也说明萧绰在军事上已显露出非凡的才能。

辽乾亨四年（982）九月，年仅35岁的辽景宗在出猎途中，病卒于云州焦山行宫。12岁的耶律隆绪即位，为辽圣宗。辽景宗遗诏“军国大事听皇后命”。因此，辽圣宗在登上皇帝宝座不久，将其年方30岁的母后萧绰尊为“承天皇太后”，并由她总揽辽国的军国大政，时间长达27年（983—1009）。相传萧绰自幼与韩德让相爱，辽景宗去世后不久，萧绰私下对韩德让说：“我曾

▲ 京剧萧太后剧照（陈德霖 饰）

许配给你，愿偕旧好。而当国的幼主，也就是你的儿子了。”在韩德让的辅佐下，萧绰对辽国进行了一系列改革，致使“国无幸民，纲纪修举，吏多奉职，人重犯法”，“统和中，南京及易、平二州以狱空闻”，辽国内政呈现一片兴旺的景象。

历史上家喻户晓的杨家将，就发生在萧绰摄政期间。杨业，字重贵，《宋史·杨业传》说他善骑射，以骁勇闻，屡立战功，所向克捷，国人号为“无敌”。公元986年，宋太宗北伐辽国，以潘美任西路军主将，杨业为副主将，各路大军接连攻下了云州、应州、寰州、朔州等四州。萧绰带韩德让和儿子辽圣宗赶到南京，直对西路宋军。为掩护大军及百姓撤退，潘美命令杨业率部迎击敌军，约定大军在陈家谷口接应。杨业奋勇杀敌，战至陈家谷口（今山西朔县南，《辽史》记为狼牙村），不想潘美军队早已先行遁去。杨业被辽国的20万大军团团围住，内无粮草，外无救兵，复率残部与众敌苦战。但终因寡不敌众，包括杨业之子杨延玉在内的所有部属全数战死，杨业负伤坠马被俘，悲愤之下绝食殉国。杨业的英勇事迹被传为佳话，辽人敬其忠勇，在军事重镇密云古北口修建杨无敌庙，四时祭祀不断。北宋苏辙出使辽廷时，其间作《过杨无敌庙》，缅怀这位为国尽忠的一代名将。诗云：

行祠寂寞寄关门，野草犹知避血痕。一败可怜非战罪，太刚嗟独畏人言。驰驱本为中原用，尝享能令异域尊。我欲比君周子隐，

▲ 密云古北口杨无敌庙

诛彤聊足慰忠魂。

萧太后在这次战役中能取得胜利，显示了她的军事才能。不过她非常钦佩杨老令公忠贞不屈、视死如归的英雄气节。战前萧太后明确下令只能生擒杨业，希望能收为己用。故此《辽史》载，辽军将领耶律奚低因“望袍影而射，继业堕马。先是，军令须生擒继业，奚低以故不能为功”，失去了加官晋爵的机会。据说，“杨令公庙”也是在萧太后的支持下兴建的，以激励将士像杨业那样鞠躬尽瘁、公忠体国。这两件事既显示出萧太后的豁达，又表现出其长于心计的政治手腕。

萧太后首开运粮河

自咸平二年（999）开始，辽朝不断派兵在边境挑衅，给边境地区的居民带来了巨大灾难。宋军虽在杨延朗（杨延昭，即大名鼎鼎的杨六郎）、杨嗣等将领率领下，积极抵抗入侵，但给宋朝边防带来的压力愈益增大。公元997年，宋太宗赵光义在“高梁河战役”中箭伤复发，不治身亡。其子赵恒继位，是为宋真宗。辽统和二十二年（1004）闰九月，萧太后和辽圣宗倾辽国的精锐部队20万，以收复瓦桥关（在今雄县南）失地为名，南下河北，直逼黄河北边的重镇澶州（也称“澶渊”，今河南濮阳）。宰相寇准力排众议，坚持真宗皇帝御驾亲征。宋真宗登上澶州北城门楼，“诸军皆呼万岁，声闻数十里，气势百倍”。此时的辽军，孤军深入，主将又被宋军击毙，军心涣散，急于求和。寇准提出让契丹称臣，并归还幽、蓟土地，否则决一死战。但宋真宗却抱定了“我应当卑躬屈膝，为天下苍生着想”的念头，苟求平安，于是双方开始议和，互约为兄弟之国，缔结“澶渊之盟”。

澶渊之盟结束了长达二十余年的宋辽战争，“生育繁息，牛羊被野，戴白之人（白发长者），不识干戈”，此后宋辽边境长期处于相对和平的状态，双方保持了百余年的和平。这对两国之间的贸易、民间交往和各民族之间的融合非常有利，为中原与北部边疆经济文化的交流创造了条件。萧太后正是抓住了这样一段相对稳定的“和平时期”，调集军士修凿了“萧太后运粮河”。

辽圣宗统和二十二年（1004），主政的萧太后决定开凿南京城至潞县之间的运河，以通漕运。此前辽国倾力征战，无暇顾及，“澶渊之盟”之后，辽国军民得以休整，国力强盛，萧太后遂专心经营南京城。“萧太后运粮河”专为漕运开凿，不仅为巩固辽代的政权统治和繁荣南京城起到了非常重要的作用，也成为北京历史上为漕粮运输而开凿运河的先声。

据《通州文物志》记载，“萧太后运粮河”开凿于统和二十二至二十七年（1004—1009）间，由辽代萧太后主持开挖。根据后来挖修水利时出土的古河道判断，萧太后河起自南京城的东门迎春门，利用西直门外高梁河南支和玉渊潭注入南京护城河之水，出迎春门后接南横街南侧的大川淀和小川淀之水，蜿蜒向东流入陶然亭湖，然后东进今龙须沟、金鱼池，沿天坛北转天坛东墙外，流入今龙潭湖，出龙潭湖过左安门至朝阳区十里河村，这一段距离恰好是10里，“十里河”便由此得名。河水继续向东南方挺进，过老君堂村北，越西直河、水牛坊、马家湾、大鲁店后，进入通州区的胡家垡、台湖、田府、大高力庄，最终“下榻”张家湾，在此与北运河相接，成为京杭大运河家族的一员。

“萧太后运粮河”的开凿，使漕运畅通，辽河平原的粮食可由海运至天津，再经运河直抵南京城中。运粮河的成功开凿，对于巩固辽的统治、繁荣南京城的经济，乃至加强军事上的储备，都起着至关重要的作用。同时，这也是萧太后在北京历史发展中的重大贡献。

金中都奠基大运河格局

天德三年（1151），金主海陵王完颜亮将金朝都城从上京（今黑龙江哈尔滨阿城南白城子）南迁至燕京（今北京），遂改名为中都。中都城的建设，由海陵王完颜亮亲自命左相张浩等遣画工写汴京宫室制度，提点设计修缮，“役民八十万，兵夫四十万”，按北宋汴京（开封）制度增广燕城。即在唐幽州城和辽南京城的基础上，向东、西、南三面扩展而成。工程分城池扩建和兴建宫殿两大部分，城池占地面积20多千米，比唐幽州城扩大约1.5倍。其北城垣基本未动，城的东北角在宣武门内翠花街，西北角在军事博物馆以南的黄亭子，西南角在丰台区凤凰咀村，东南角在今永定门火车站西的四路通。设城门13座，东、西、南各3座，北面4座。街、巷、胡同以东西、南北走向为主，呈棋盘状分布。宫城在全城中央的南部，全部按北宋汴京皇宫规制构筑。“其宫阙壮丽”，“虽秦阿房，汉建章不过如是”。海陵王的迁都，不单在金朝的历史上标志为一个新的阶段，而且在北京的历史上也是一个有重大意义的新纪元。

古代首都的营造受到诸多方面限制，其中水资源是制约首都规模的重要因素。古都长安有渭、泾、沣、涝、潏、滈、浐、灞八条河流，号称“八水绕长安”。其他古都如洛阳、开封、南京，或濒运河，或临大江，均设立在水资源丰沛的地区。北京地区属于典型的暖温带半湿润大陆性季风气候，夏季高温多雨，冬季寒冷干燥，降水季节分配很不均匀。所以对于金中都来说，不仅水资源很重要，水利工程则更加重要，如果缺乏水利设施，发生水害将遭遇灭顶之灾。

按照我国的传统，作为一个封建帝王的都城，在城市建设上首先要考虑宫廷苑林的用水，同时要解决运粮河的开凿。辽代之前，北京的城市规模不大，居民人数不过15.3万，水资源需求不存在较大缺口。但自金代完颜亮将首都迁往北京，建立起一座拥有 80 万人口的都城，[1] 成为当时世界上最繁华的商业大都市，人多水少的矛盾就凸显出来了。由于人口的增加和城市功能的扩大，对饮用、灌溉、漕运、城池宫苑的建设和园林绿化美化的水源需求也日益加大。如何满足日益增长的水源，尤其是漕运水源的需求，开始成为这个城市的难题。

在中都城的规划建设中，金代不仅开辟了帝都引水造池、修建皇家园林的先河，为北京城走出莲花湖水系向北扩大水源做出了有效的尝试，还为京杭大运河的漕运发展奠定了基础。从此，北京就成为一代王朝的正式首都，并一直延续到元、明、清三代。

依赖莲花池水系扩建宫苑城池

中国内地的都城到了北宋年间，已经发展到了一个新的阶段，在布局上，北宋以前都城内的皇城多偏在一隅或一方。而北宋的开封城，皇城则居于城的中央地区。金中都城按照汴京制度扩建，则必须改变南京城中皇城偏在西南的格局，而将外郭的西城墙向西迁移，使宫城在全城中央的南部。主要的宫殿建筑，从中都城的南门丰宜门北通宣阳门、拱辰门的直线为中轴展开。皇城周 9 里 30 步，有 4 门，进宣阳门后，东有文楼、广武殿、衍庆宫，西有武楼、会同馆和六部，中间是千步廊；过龙津桥后进入宫城

[1] 曹子西主编：《北京通史》第四卷，北京．中国书店，1994 年版，第 121 页。

▲ 广安门外莲花池

的应天门，有殿宇 9 重 36 殿，前殿为大安殿，后殿是仁政殿，东有东宫、寿康宫，西有十六位即西宫，为妃嫔居住之地。这些举措，成为对后世北京城市发展影响最大的建筑元大都城、明清北京城，乃至今日北京城，亦皆在此基础上发展而来。

北京早期城邑蓟的选址，与今永定河水系的莲花池河有关。从蓟城初立，到战国燕都、唐幽州城、辽南京城直到金朝中都城，都是依赖莲花池河提供了主要水源。莲花池河即今洗马沟，源出辽南京城之西绿水澄澹的西湖，即今莲花池的前身。故道从蓟城城西绕道城南，然后傍城南门外东流。完颜亮在决定迁都燕京之后，就在扩建旧城时，把原在西郊的洗马沟有计划地圈入城内，变成都城之内河，并且流贯皇城西部。在宫城西部玉华门外造就一个苑林区，即同乐园，又称西华潭、太液池。

同乐园是以水为中心，缘中都城玉华门内外的水域而修建的一组有楼台殿阁景点的通称，从海陵王至世宗、章宗几代帝王不断增建营造。园中所建楼台殿阁名目繁多，便于皇帝领宫妃游乐，元代人称其为“尽人神之壮丽”。《大金国志》记载：“西至玉华门曰同乐园，若瑶池、蓬瀛、柳庄、杏村尽在于是。”从同乐园南端分出的清流东入宫墙，在宫城西南隅开辟了华美的鱼藻池，其遗址在今广安门南、白纸坊西的青年湖一带。鱼藻池南流溪水，引向皇城南面的正门（宣阳门）前龙津桥下，斜穿出城，流入南护城河。《水经注》所说“侧城南门东注”者，所指是北魏时蓟城的南门，至金已包在中都城内。这样，西湖自然成为金中都宫苑的重要水源。

金世宗大定十年（1170）五月，“燕群臣于同乐园之瑶池”。时人师拓《游同乐园》诗写道：“晴日明华构，繁阴荡绿波。蓬丘沧海远，春色上林多。流水时虽逝，迁莺暖自歌。可怜欢乐极，钲鼓散云和。”可见金中都的宫廷御苑是一派碧水环绕的优雅景致，开了北京帝都引水修建皇家园林的先河。

至于中都南护城河西段，别有水源，出自中都城西南近郊流泉。傍中都南墙东注，即曹魏时㶟水故道，今凉水河之上源。其上源今名水头庄，旧《顺天府志》曰，百泉溪在府西南丽泽关，“平地有泉十余穴，汇而成溪，东南流入柳村河”。柳村河是金中都的南城濠，遗迹仍在，柳村的名称也相沿未改，在今柳村河南岸，与北岸凤凰嘴村、万泉寺村的南城残墙隔河相望。

1990年，考古人员在右安门外玉林小区施工现场发现了一个水关遗址，木石结构的水关位于金中都南城垣之下，北入水口宽11.4米，南出水口宽12.8米，底部过水面距现地面5.6米。这是迄今为止我国发现的古城水关中最大的一个，充分显示出金代在建造都城过程中对河流水系的合理利用及其技术水平。

开辟高梁河修建行宫别墅

当我们从飞机上俯瞰北京城时，首先映入眼帘的便是那一片巨大而波光潋滟的“六海”水面。它们从北京城的西北角蜿蜒而来，像一串硕大无朋的翡翠，镶嵌在北京城的西北，与金碧辉煌的紫禁城王朝映照，给北京平添了无限的情趣和勃勃生机。“六海”是西海、后海、前海、北海、中海和南海的总称，“六海”之间以桥相隔，互相连通。其中，德胜门内大街以西的一片水域称“西海”，也称“积水潭”；德胜门内大街以东至银锭桥的水域称为“后海”；银锭桥往南到地安门西大街的水域则称为“前海”。“六海”以及清河、高梁河、原来的太平湖（位于西直门迤北），乃至前门外的三里河、龙潭湖等都是古永定河南迁之后留下的遗迹。所谓的“北京六海”，则是上述众多的天然湖泊，在经过了人们的惨淡经营之后，所形成的佳丽风景。

“海”原指大洋靠近陆地的部分，后引申为形容某事物之大，也把天然湖泊称为“海”。常有人误认为积水潭称“海”源自元朝，其实早在两千多年前，许慎在《说文解字》里就说过，海“天池也，以纳百川者”。《汉书·苏武传》记载：“乃徙武北海（今贝加尔湖）上无人处。”位于阿拉善盟的居延海是一个不断变化的游移湖，汉时曾称其居延泽，唐代起称居延海。可见，汉语中把陆地上大的水域称为海，起码在汉代就开始了。

营建皇家离宫——大宁宫

从现有的史书记载看，积水潭至中海这片天然水域最早的名称叫“白莲潭”，说明这片天然水域早已接受过人们的开拓经营。白莲潭的水源高梁河又称“三海大河”，是从更新世晚期直至东汉末年的古永定河河道。虽然在东汉以后永定河开始改道南迁，不过高梁河上游田村、半壁店、五孔桥、八里庄以北直至紫竹院一段水体因山脚泉水补充依然如故。由于有今紫竹院附近泉水的不断汇入，高梁河继续东流至德胜门一带分两支，一支向南过“三海”、天安门、天坛，再东南流。另一支沿今北护城河向东，经坝河至通州入温榆河。作为河道遗存的白莲潭这一片水域，水面比现在要广阔很多，辽金时期的皇帝就看中了这片风景佳丽的水上风光，开始在这片水域上兴建行宫。

《洪武北平图经》记载：“琼华岛辽时为瑶屿。”辽代在这里修建“瑶屿行宫”，在岛顶建“广寒殿”，成为辽帝后和皇族休闲的场所。金天德二年（1150），完颜亮扩建“瑶屿行宫”，增建了“瑶光殿”。金大定六年（1166），素有“小尧舜”之称的金世宗，命少府监丞张仅言主持大兴土木营建皇家离宫——大宁宫，其位置相当于今天北海和团城部分。大宁宫仿照北宋汴梁（今河南开封）皇家艮岳园，挖湖称西华潭，以浚湖之土堆筑琼华岛和瑶光台（即今北海公园团城）两个岛屿。园林布局以琼华岛为中心，并从汴梁“艮岳”御苑运来大量太湖石砌成假山岩洞，在岛上和西华潭周围修造雕梁画栋的宫苑。《金史·地理志》记载：“京城北离宫有大宁宫……明昌二年更为万宁宫。琼林苑有横翠殿。宁德宫西园有瑶光台，又有琼华岛，又有瑶光楼。”可见其建筑规模之宏伟。从那时起，北海就基本形成了历代皇家宫苑格局，这就是今日北京城内北海公园和中海的前身。大宁宫建好后，金世宗、金章宗经常驻此处理政务，并在“御紫宸殿，受诸王、百官贺，赐诸王、宰执酒”，时称“北宫”或“北苑”。诗人赵摅《早赴北宫》赞之曰：“苍龙双阙郁层云，湖水鳞鳞柳色新。绝似江行看清晓，不知身是趁朝人。”金中都大宁宫的修建，启发了帝都解决城市水源问题的一种开拓性思路，为城市的延伸、扩大开辟了新的触角和据点，为后来元大都的选址提供了水利基础和宝贵的经验。

兴建西山行宫

“西山”一名最早见于辽史，当时北京已升为辽国的陪都，称南京。《辽史·第六十八卷》穆宗应历五年（955）九月，“猎于西山”。《契丹国志·卷六》：宋太平兴国四年（979）秋七月，“请兵十万救幽州，并西山薄幽陵”。此记亦见于《续资治通鉴长编》。北京成为帝都后，地位骤然上升，位于京都西部的诸山遂称西山，并无大、小西山之说。

辽、金建都北京，看上西山丰富的水源和优美的山水环境，开始大兴土木兴建行宫，对西山园林的建设做出巨大贡献。辽圣宗时在西山建有清水院、白贴山院、双峰院和大安山延福寺等四

▲ 北海琼华岛

大寺院。清水院即今大觉寺，寺院坐西朝东，山门朝向太阳升起的方向，保留着辽代契丹人朝日的建筑格局。金章宗朝，从全国各地征召造园大师和工匠，在香山和玉泉山修建了具有南方风格的圣水院、香水院、清水院、灵水院等八大行宫，称西山八大水院，为皇帝游幸驻跸之所。灵水院在樱桃沟村北部的仰山，始建于唐末，金世宗赐名仰山栖隐寺，时有僧人万余名，是为大金国的皇家寺院。明仰山栖隐寺重修碑记曰："京师之西，连山苍翠，蟠亘霄汉，所谓西山是也。仰山乃其支垄……栖隐寺据之，创始于金时。金之诸主，屡尝临幸。"章宗曾频繁来到玉泉山和香山，仅《金史·章宗本纪》中记载的就各有 7 次。

开辟郊牧御园

《国语·周语》载："国有郊牧，疆有寓望，薮有圃草，囿有林池，所以御灾也。"随着帝都的建立，皇家贵族休闲娱乐生活对水源的利用和布局产生了新的要求，城市水系开始随政治空间的拓展而向郊外延伸。金代在中都城西北、南郊、东南郊"通流济运"所过的大片水域，建设皇家苑囿，对北京城市的生态、水系治理、御灾等方面起着重要作用。这是仅仅局限于莳花植木、叠山理水的小型园林无法企及的。

在中都城西北有一片宽阔水域，并有水向东流至三里河，经东钓鱼台流入护城河，这就是名声显赫的玉渊潭。玉渊潭周边有

▲ 玉泉山

▲ 钓鱼台

泉涌汇成湖池，其水主要来源于西山诸名泉，所以冬夏四季不竭。金朝在这里建有皇帝的离宫别苑，开通漕运后成为运粮河边的一座花园。时人描述它“柳堤环抱，景气潇爽……沙鸥容与于波间，幽禽和鸣于林际”，且“佛宫真馆，胜概盘都”。金海陵王多次在钓鱼台设宴赏月，金章宗修筑石台进行垂钓，被称为“皇帝的钓鱼台”。金哀宗完颜守绪写有“金主銮舆几度来，钓台高欲比金台。可怜台下王飞伯，不及鲦鱼得奋腮”的诗句，称钓鱼台堪与燕昭王的黄金台相媲美。

在中都城南永定河之灅水故道上，还有一大片水乡泽国，即今南苑南海子。金代在这里修建行官别馆，是皇家的游幸之所。据《金史》记载：“大兴有建春宫”，“承安元年二月，幸都南行宫春水”，金章宗几乎每年春季都会来此打猎钓鱼，甚至在此处理政务。元代继续作为皇家苑囿，在南海子修建鹰坊和晾鹰台，称“下马飞放泊”。

通州原有一大片水域“延芳淀”，辽金时方圆百里，涵盖今漷县、廊坊边缘，采育、马驹桥、大羊坊、台湖镇一带。每到春秋两季，北上与南迁的候鸟在这里歇脚、捕食，延芳淀就成为天鹅、大雁、野鸭的天堂。契丹族有“春水秋山，冬夏捺钵”的四季渔猎活动，成为辽金朝的一种文化传统。《辽史·地理志》记载：“延芳淀方数百里，春时鹅鹜所聚，夏秋多菱芡。国主春猎，卫士皆衣墨绿，各持连锤、鹰食、刺鹅锥，列水次，相去五七步。上风击鼓，惊鹅稍离水面。国主亲放海东青鹘擒之。鹅坠，恐鹘力不胜，在列者以佩锥刺鹅，急取其脑饲鹘。得头鹅者，例赏银绢。”金朝在这里修建行宫，金世宗等多次到漷阴县，除了“捺钵”，还在延芳淀演练过水军。《大金国志》载，金皇统三年（1143）七月，熙宗“谕尚书省，将循契丹故事，四时游猎，春水秋山，冬夏刺钵”。金代诗人赵秉文作《春水行》诗：“内家最爱海东青，锦鞲掣臂翻青冥。晴空一击雪花堕，连延十里风毛腥。”形象逼真地描写了春捺钵的猎鹅场面。

中都运河——坝河的开凿

中都城作为封建王朝的政治中心，为巩固统治，支持规模庞大的国家机器运营，开凿运河以解决首都所必需的漕粮运输问题，是一件非常重要的事情。晋王羲之《与尚书仆射谢安书》：“今事之大者未布，漕运是也。”在我国封建社会时期，首都运河的主要任务，就是要聚敛全国农田赋税中一部分食粮，集中到都城，用以供应封建帝王的挥霍，以及其庞大的官僚统治机构的开支，这就叫作漕运。包括各种货物的运输，主要也是供给都城的消费。漕运不仅维持了北京城正常的生活，也促使了南北物资的交流、繁荣，乃至文化和民俗风情的相互交流和融合。

随着经济的发展、中都人口的增加，要保证宫廷消费，百官俸禄，军饷支付和民食的供给，当然需要数量可观的粮食和其他

▲ 南海子

物资来供其消费。尽管金朝在当时的中国仅统治着淮水（河）、秦岭以北的地区，但还是想尽办法把华北平原北部的粮食，经由卫河、滏阳河、滹沱河、子牙河、大清河等，再经由海河相继汇集到当时的海滨，然后再循潮白河（即潞水），逆流而上，输送到通州。

通州，在金朝以前一直称潞县。海陵王天德三年（1151），取“漕运通济”之意，升潞县为通州，通州遂成为漕运重地，说明其已成为金中都的漕运枢纽。今北京市“通州”之名，便起于金朝。当时，每年的漕粮数字，少则数十万石，多则百余万石。如此巨大数量的漕粮虽可依靠天然水路进行运输，但是从通州径西，抵达中都城约 25 千米的路程，只能依靠陆运。这不仅需要一笔庞大的财政开支，而且也是一件非常困难的事情。

在海陵王和金世宗初年，中都和通州之间的漕运主要依靠今北京城北的坝河。坝河在今北京朝阳区，西起今北京城北部德胜门附近，系高梁河的一条东支，属北运河水系。主要支流有北小河、亮马河和北土城沟等。这原是三国时刘靖修凿戾陵渠工程，南北朝斛律羡引高梁水东接坝河以汇于潞的故道，循今坝河河道向东偏北而下，在潞县境内汇入潞水。金代为解决通往中都的漕运，修治漕渠，称金漕渠。金世宗时又称其为“运河”“澶渠”。只是坝河通漕的运力有限，而且还需要经常浚治，无法完全替代陆运。《金史·河渠志》记载如下：

世宗大定四年（1164）八月，以山东大熟，诏移其粟以实京师。十月，上出近郊，见运河淤塞，召问其故。主者云户部不为经画所致，上召户部侍郎曹望之，责曰："有河不加浚，使百姓陆运劳甚……宜悉力使漕渠通也。"五年正月，尚书省奏，可调夫数万。上曰："方春不可劳民，令宫籍监户、东宫亲王人从，及五百里内军夫浚治。

从这段记载中可见，金初坝河已经通漕济运，1165 年曾予以浚治。

大定六年（1166），金世宗下令兴建太宁宫，为了使高梁河上源的水量更加丰沛，扩大白莲潭水域面积，并兼以周边农田灌溉功能，便将玉泉山一带的泉流向南引入瓮山泊（又称七里泊，即今昆明湖），然后开凿从瓮山泊通往高梁河上源的人工渠道，把西山水系引向东南，汇入太宁宫旁的白莲潭。沟通瓮山泊和高梁河的这条人工渠道，就是自今颐和园南门到今紫竹院湖，被称为"长河"的那条河道。

侯仁之先生指出："根据间接史料的推证，可以知道今日万寿寺前长河河道最初的开凿就是在太宁离宫修建的时候。其原因在于高梁河小，给水不足，因此只有开凿新河，导引玉泉山水转而东南，用以接济高梁河的上源，结果就接近了今日长河河道的

▲ 坝河

▲ 长河

形势。”[1]据侯仁之先生考证，以地形推测，海拔约50米的瓮山泊湖水，本应该径向低洼的东北，合今万泉庄北来之水，流注清河才是正理。因为这条河流与高梁河上源之间，有一带约海拔52米的“海淀台地”，形成了两者之间的一小分水岭。由此判断从今昆明湖到紫竹院西墙外万寿寺的河道（即今长河的上段）应为人工开凿。他说：“假使此段河道不加开凿，那么昆明湖水纵有强固的东堤以提高其水位，也断无向东南流入北京城的可能。”长河的开凿，不仅方便了从万宁宫到西山行宫的联系，助推了西山皇家园林的兴起，也沟通了高梁河水系与西山水系，为坝河漕运开辟了新的水源，使西山水系（以玉泉为主，又称玉泉水系）开始成为助推北京城发展壮大的主动脉。

但是，由于北京地势西北高、东南低，坝河的河床坡度很大，难以存留足够深度的水量来承载漕船。为此，金朝政府在其上游的高梁河上（今高梁桥附近）和高梁河折而南下的白莲潭（今积水潭桥下附近）两处设置闸门来调节坝河的水量。这样就可以先把高梁河、白莲潭的流水拦蓄在湖中，当漕运繁忙时，就打开高梁河闸，同时关闭白莲潭闸，使高梁河水全部东入坝河以充实水量，便于行船。这时中都闸河还没有出现，可见此二闸是早先为今坝河所设。

[1] 侯仁之：《海淀附近的地形、水与聚落》，载《侯仁之文集》，北京大学出版社，1998年版，第134页。

《金史》还记有承安二年（1197）金章宗命“放白莲潭东闸水与百姓溉田”“宫左流泉溉田，岁获稻万斛”，承安三年（1198）又命“勿毁高梁河闸，从民灌溉”的记载。看来金代在今什刹海东岸的澄清闸处还建有东闸，用以灌溉附近稻田，这大概是澄清闸的前身。

引卢沟河水开凿金口

坝河的通漕运力终究有限，而且还需要经常浚治，无法完全替代陆运，所以还需要另辟水源。高梁河的上源来自卢沟河（今永定河），卢沟河又是流经北京地区水量最大的一条河流，自然成为引水济漕的首选。据《金史·河渠志》记载，金世宗大定十年（1170），召集朝臣议决引卢沟河水以通京师漕运，上忻然曰：“如此则诸路之物，可径达京师，利孰大焉。”命计之。大臣们计算的结果，需要征调千里内民夫供役。谁知正值山东岁饥，议而未行。转年十二月，“省臣奏复开之，自金口导至京城北入濠，而东至通州之北，入潞水，计工可八十日”。这就是在金中都开凿的金口河。

据蔡藩《北京古运河与城市供水研究》，金口位在石景山北麓，即今石景山发电厂院内“地形缺口”处，而永定河上的取水口，则在金口上游的麻峪村。《知太史院事郭公行状》记载：“金时自燕京（今北京）之西麻峪村分引卢沟一支东流，穿西山而出，

▲ 石景山麻峪（官庆培摄）

是谓金口。”今麻峪村高程约95米，金口处高程约90米，金口距麻峪村渠首段长约4至5里。金口河在卢沟水东岸的麻峪村附近筑堰引水，自金口以下应仍借用一段车箱渠故道，然后接金沟河道向东流出。金沟河应是金口河音讹，河道经北辛安村南、古城北转向东北，再经杨家庄南又向东，经龚村南、田村南、老山北、半壁店南、铁家坟北、篱笆店南、甄家坟北、定慧寺南，东至今玉渊潭，又东转南大约至木樨地东南入金中都北护城濠。中都北护城濠水再往东大致经受水河胡同、旧帘子胡同、人民大会堂南、国家历史博物馆南、台基厂三条、船板胡同、北京站南部等地，下接今通惠河河道，东至通州。

但是，金代开金口河的漕运工程没能达到预期的目的。原因是“及渠成，以地势高峻，水性浑浊。峻则奔流漩洄，啮岸善崩，浊则泥淖淤塞，积滓成浅，不能胜舟”。其间请了不少熟悉河道的人去考察，希望能找出解决的办法，结果都束手无策。金世宗只好遗憾地对大臣说：“分卢沟为漕渠，竟未见功，若果能行，南路诸货皆至京师，而价贱矣。”尽管金口河没能解决漕运问题，在农田灌溉方面却发挥了重要作用，“其水自金口以东、燕京以北，灌田若干顷，其利不可胜计”。到了大定二十七年（1187），因为卢沟河一再决口，而“金口闸下视都城（今北京），高一百四十余尺”，为保住京师安全，金世宗只好下令将金口堵塞，以绝水患。

韩玉建闸通济河

有金一代，为保障中都的物资供应，从未放弃对开辟水源通航漕运的努力。先是浚治高梁河，设置闸门调节白莲潭诸水的水量，引高梁水东接坝河以汇于潞的故道。接着在1172年开金口河，利用历史上车箱渠上游的一段故道引水东下，然后再从北护城濠靠近东端的北岸，开凿运河，一直向东，经通州城北与潞河（今潮白河，亦称北运河）相汇。但是这条闸河开凿之后，因永定河水性浑浊，泥淖淤塞，不能胜舟，从通州入京的漕粮，仍需陆运。因此，亟须开凿一条水量丰富的人工运河使粮可直抵中都城内。

泰和四年（1204），又议“开通州路水漕渠，船运至都”。这次讨论，其一，听取了翰林院应奉韩玉的建议，放弃以金口河引卢沟水为漕河水源的思路，而改用引高梁河上源和白莲潭等各路清水作为漕运水源；其二，在通州至中都的漕河中设置数座闸，以缓解因河床坡度过陡而致使河中存水不足的问题，因此这次开凿的渠道也被称为“闸河”。

韩玉建议的关键，在于“节高良河（按同梁）、白莲潭诸水”，也就是说，引入闸河的不仅是高梁河、白莲潭水，还有由长河引来的西山水系，甚至是比玉泉山更往北、范围更大的水源。此外，也包括今玉渊潭、莲花池附近供给闸河的水泊泉流。

对此，清代学者赵翼《廿二史札记》有如下论述：

▲ 二闸

京师至通州闸河，本元时郭守敬所开。……然此河不自守敬始。《金史·韩玉传》：泰和中，（韩）玉建言开通州潞水漕渠，船运至都。工既成，玉升二阶。是此河实自玉始。《郭守敬传》所云不用一亩泉者，盖玉所开河本用一亩泉为源，而守敬乃用白浮泉耳。守敬建闸，往往得旧时砖石故址，当即玉遗迹也。

一亩泉在今昌平区辛庄，是温榆河上源的水源之一。明《长安客话》记载："（一亩）泉在（昌平）州治西南十五新屯，广约一亩，东流与高梁河合。"辛庄应是新屯的音转，今尚有辛店河，其上游出自关沟。韩玉建言引一亩泉为源，开浚和扩大人工渠道长河，将一亩泉和玉泉山一带的诸多泉流一并向南引入瓮山泊，使高梁河获得足够的水源。而长河下段即自今紫竹院以东至积水潭的部分原本就是古高梁河的一段，一直保有充沛的水量。这些清澈水脉的注入，不仅增加了坝河的水量，也避免了重蹈金口河"泥淖淤塞，不能胜舟"的厄运。

为了增加闸河的水量，又从高梁河向积水潭上游开渠分水南下，直入中都城北护城河。从高梁河积水潭上游到中都北护城河的这条河道，称"高梁河西河"。高梁河西河从积水潭西侧的渠口，今板桥胡同东口外的湖岸向西弯曲处流出，由板桥胡同向西，在新街口七条西头转而向南，经新街口六条胡同西口继续南下，与自北而南的菜园胡同相接，然后斜向西南，经崇元观东侧南下，沿今赵登禹路、佟麟阁路，流入中都城的北护城河，以供闸河漕运、宫苑用水和农田灌溉之用。明朝时，在今西直门大街与赵登禹路交接处，尚有座东西向红桥儿，又名横桥，明张爵记此桥东南为“红桥儿东南”。西直门大街红桥儿以南的河道，明代称“河槽”，清代称“大明濠”，在清乾隆时尚存。

遗憾的是，“高梁河西河”在清乾隆十五年（1750）内务府测绘完成的《京城全图》中，竟无痕迹可见。但在伦敦英国国家博物馆（原属大英博物馆）所藏的一幅清代早期的北京城图上，十分明显地绘出从德胜门内积水潭南下的河流，有一支向西南流向新街口北大街中段，经四条、三条、二条和头条胡同西，在横桥下流入大明濠（今赵登禹路）的这条河流。幸有伦敦英国国家博物馆舆图部主任，以影缩本一份赠给侯仁之先生。经侯先生考证，此图为清雍正二年（1724）所绘，弥补了《京城全图》的缺憾，也让我们知道了“高梁河西河”的所在。[1]

北京市社会科学院历史所吴文涛副所长，综合各种对北京城古河道分布的研究，除高梁河西河外，推测还有以下四条渠道补充闸河水源：

一是从今动物园附近（当时高梁河西段水面比较开阔处）南

[1] 侯仁之：《北京城的生命印记》，北京．三联书店，2009 年版，第 95 页。

▲ 赵登禹路

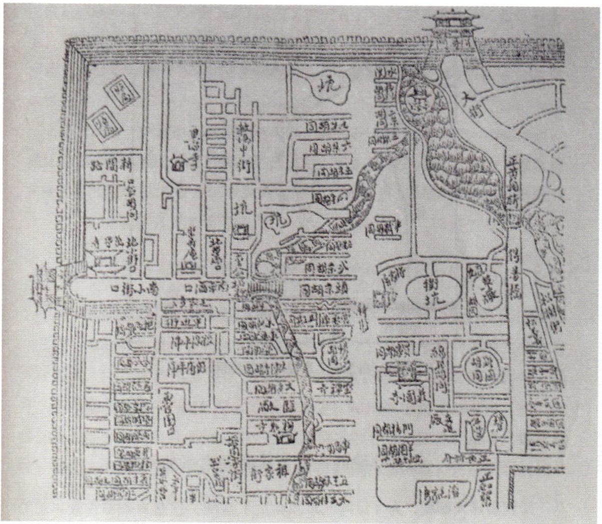

▲ 清雍正二年“高梁河西河”图（引自侯仁之《北京城的生命印记》第 95 页）

岸开渠，顺今三里河路引水南流，于今木樨地东南汇入中都北护城河。

二是自白莲潭中段西岸开渠，导水西南流，入闸河，现在的西单东斜街可能是其遗迹。

三是自白莲潭南端顺古高梁河河道引水南流，于今人民大会堂西南入闸河。

四是在白莲潭东端即今后门桥以东开渠，引水向东转南流入闸河，这一段也就是后来元代通惠河域内河段的基础。

以上这些渠道原本都应该是古永定河的高梁河故道和金沟河故道上的支汊河道，有天然的河道遗迹或水体保留，在这个时候又被人工疏浚、沟通，使其成为高梁河与闸河的联系通道，为槽运输送水能。[1]

从中都城至通州的河道，仍利用金口河下段已开辟的旧河道。据考古发现，金代闸河的西端，即在今旧帘子胡同、高碑胡同一带的河道比原金口河道偏南有 200 米左右。2002 年，在今西交民巷北，距地表 5 米处发现有金代闸河古码头的遗存，该码头距金中都的东北隅不远，有利于漕运的物资进出中都城。为调节闸河水量，金代在中都至通州约 50 里长的闸河上，设置了五六座闸门。闸河工程采纳韩玉的设计方案，凿渠引一亩泉和玉泉之水

[1] 吴文涛：《北京水利史》，北京 . 人民出版社，2013 年版。

入白莲潭，又引白莲潭水入闸河，东至潞县与白河相连，实现了对后世起着重大作用的“潞水通漕”。诏近侍局提点乌古论庆寿负责按章督办，于金章宗泰和五年兴工完成，其间金章宗曾亲自到通州一带视察。《金史·河渠志》中有如下记载：

金都于燕，东去潞水五十里，故为闸以节高良（梁）河、白莲潭诸水，以通山东、河北之粟。……其通漕之水……皆合于信安海壖，溯流而至通州，由通州入闸，十余日而后至京师。

（泰和）八年（1208）六月，通州刺史张行信上言：“船自通州入闸，凡十余日方至京师。”

闸河工程不但包括从通州到金中都的漕渠，还包括疏通通州以南的运河道，使每年所担负的上百万石漕粮直抵中都。当金章宗看到大批漕粮“船运至都”时，非常高兴，御赐河名“通济河”，给予韩玉官升两阶、授同知陕西东路转运使事，督办庆寿赐银一百五十两、重币十端的奖励。

通济河开通后，《金史·河渠志》记载：“通济河创设巡河官一员，与天津河同为一司，通管漕河闸岸，上名天津河巡河官，隶都水监。”《金史·百官志二》又称：“都巡河官，从七品，掌巡视河道、修完堤堰、栽植榆柳、凡河防之事……通济河节巡官兼建春宫地分河道。”但是由于北京地区的气候特点，降水主

▲ 通州漕运

要集中在夏季，一遇雨季常常洪涝成灾；冬季寒冷，河流结冰无法行舟，所以水运只有春秋两季。春运以冰消行，暑雨毕；秋运以八月行，冰凝毕。造成闸河或通或塞，仍然须用车马陆路运输补充。尽管如此，闸河仍为金中都的漕运发挥了十几年的功效，尤其为后世元、明、清北京城的经济命脉通惠河的开通奠定了基础，因而具有非常重要的意义。

元朝开凿京杭大运河

金贞祐三年（1215），蒙古骑兵攻占金中都，烧毁了豪华的皇宫，把金朝首府降格为燕京，改由燕京留守兼行省长官札鲁忽赤即断事官治理。19年后又在燕京设中州断事官主治汉民，汉人称之为燕京行尚书省。蒙古人占领中都以后的60年里，中都城一仍金制，为62坊，除豪华的皇宫被焚烧殆尽外，城墙和城内的街巷胡同、衙门、商铺、佛寺道观基本没什么变化。

此后又半个世纪，成吉思汗之孙忽必烈继承汗位。忽必烈登基之后，仍以开平（今内蒙古自治区多伦附近）为都城。但是开平位置偏北居于草原地带，对控制中原明显不利。忽必烈的爱将、先锋元帅霸突鲁对他说：“幽燕之地，龙蟠虎踞，形势雄伟，南控江淮，北连大漠。而且天子必须居中以受四方的朝见。大王果欲统御天下，非驻燕不可。”世祖有所省悟道：“若不是你这样说，我几乎失误了。”《续资治通鉴》载：“景定四年（1263 年，即元世祖中统四年）春正月，蒙古刘秉忠请定都于燕，蒙古主从之。”《春明梦余录》对这段写得比较详细：“元世祖尝问刘秉忠曰：‘今之定都，惟上都、大都耳，何处最佳？’秉忠曰：‘上都国祚短，民风淳；大都国祚长，民风淫。’遂定都燕之计。”因此，忽必烈在解决了与其弟阿里不哥的汗位之争后，决定把都城迁至燕京。

因漕运选址的大都新城

中统五年（1264），忽必烈升燕京为“中都”，并计划在燕京城内营建城池宫室，以兼顾对华北、中原地区的统治，借以保证财赋收入。随着燕京的地位日趋上升，政治重心南移，忽必烈灭亡南宋、统一中国的雄才大略，将都城南迁的愿望也日益强烈。不过在营建城池宫室的选址问题上，忽必烈却一直犹豫不决。其最初的想法是在金中都旧城的基础上翻建或扩建，但是过了三年，竟又作出放弃中都燕京旧城的决定，并于旧城东北郊外，另建新城，仍称中都。

从中都旧址的放弃到大都新址的选择，前后数年之间没有定论，其间必然经过反复的考虑。最后还是放弃旧址，另建新城。旧址被放弃的原因很容易理解，其一，因为金朝的宫殿已被蒙古兵丁烧成废墟，忽必烈派遣刘秉忠到燕京考察，看到已是“行殿基存焦作土”的破败景象；其二，忽必烈对那里的居民心有疑忌，怕他们起来造反。《马可·波罗游记》中写道："汗八里城（指燕京旧城）在契丹省的一条大江之上，自古以来就以雄伟庄严而闻名遐迩。城名的含意是'帝都'。不过，皇帝根据星学家的卜算，认为该城将来要发生叛乱。所以，他决定在江的对岸另建新都。……新旧都城只一江之隔。新都取名大都。所有的契丹人，也就是说，契丹省籍的所有居民，都被迫撤离旧都，迁居新都。但是，对那些忠贞不贰、无可怀疑的居民，仍然允许留在旧都。尤其因为新都虽然有我们即将要描述的那样的容积，但不可能像幅员那么辽阔的旧都那样，能容纳下如此众多的居民。"

大都新城的规划建设恪守《周礼·考工记》有关王城的规制匠意，同时又密切结合高梁河水系的地理特点进行。根据水道源流来看，从中都旧城迁移到大都新城，实际上也就是把城址从莲花池水系迁移到高梁河水系上来。这与此前郭守敬提出的改造中都旧闸河，"东至通州，灌以玉泉水，引入行舟，岁可省做车钱六万缗"的计划相一致。1265年，为了解决修建新城建材的需要，郭守敬提出重开金朝废弃的金口河，引卢沟水（永定河）解决漕运的建议。金口河开通后，虽然解决了西山木材和建筑石料的运输和农田灌溉，但终因永定河落差大，水性浑浊，依然难以行船，最终还是被泥沙淤积成患。这样，都城的漕运问题又回到郭守敬最初所提出的方案。

高梁河水系旧有金朝导引玉泉山水济漕，通过瓮山泊和高梁

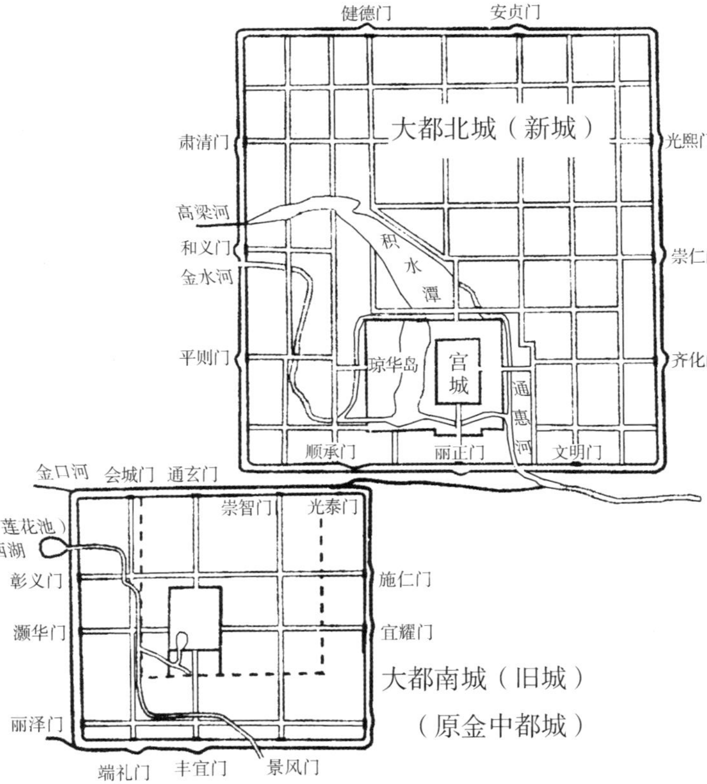
健德门
安贞门
大都北城（新城）
肃清门
光熙门
高梁河
积
水
潭
和义门
崇仁门
金水河
平则门
琼华岛
宫
城
齐化门
通
惠
河
顺承门
丽正门
文明门
金口河
会城门
通玄门
崇智门
光泰门
（莲花池）
西湖
彰义门
施仁门
灏华门
宜耀门
大都南城（旧城）
（原金中都城）
丽泽门
端礼门
丰宜门
景风门

▲ 元大都南北两城图

河，下接闸河。其故道所经，正在太宁宫附近。因此，忽必烈在与元大都规划设计者刘秉忠等经过反复商议，最后才决定选择以大宁宫的湖泊为中心规划新都。刘秉忠是郭守敬的老师，天文、地理、律历、三式六壬遁甲之属，无不精通，参与“帷幄之密谋，定社稷之大计”，对郭守敬的方案非常支持。可以说，从中都旧城移建到大都新城，不仅仅因为太液池有大面积的湖泊与清澈的泉流，更重要的在于考虑到同时要利用高梁河水系解决漕运问题。

公元1271年，忽必烈称帝，发布《建国号诏》法令，取《易经》中“大哉乾元”之意，正式建国号大元。“元也者，大也。大不足以尽之，而谓之元者，大之至也。”次年，忽必烈改元中都为元大都，将元上都作为陪都。每年四月，元朝皇帝便去上都避暑，称为夏都。公元1279年忽必烈灭宋，元朝统一全国，建立中国历史上第七个封建王朝，结束了自北宋灭亡后一百五十多年的南北对峙局面。

依水规划宫殿宫廷

大都城的建筑，选择在旧城东北，以金代的大宁宫琼华岛离宫为中心兴建大都城的新址。主要是因为那里有比较丰沛的水源，包括大面积的湖泊与清澈的泉流，既为新宫的建设保证了优美的环境，又为新城的水运提供了有利的条件，这些都是中都旧城所难以比拟的。这一次的变动，说明了北京的城址，已经从莲花池的下游，转移到高梁河上来。

正是考虑到要把积水潭括入未来的大都城中，同时也解决水上运输问题，所以元建大都城，先从规划宫殿和宫廷用水开始。古代的积水潭与现在的积水潭不同。历史上，德胜门外的原太平湖、今积水潭、北海和中海是连为一体的，金朝统称白莲潭，同属高梁河上的一带天然湖泊，总水域比现在的几个湖加起来大得多。元代，今北海和中海称太液池，积水潭是太液池的上源。在大都城的规划建设中，首先考虑以金代大宁宫太液池为中心的东岸布局宫殿建筑，即在湖泊的东岸兴建宫城（大内）；湖泊的西岸，另建南北两组宫殿，南为隆福宫，北为兴圣宫，分别为皇室所居。宫城与隆福宫、兴圣宫这三组宫殿群，称为三宫鼎立，构成了元大都皇城中的主体建筑。在这三组建筑的中间，是清波涟漪的太液池，太液池中间则是万岁山，成为皇宫中的苑囿。太液池中的琼华岛，经过中统年间修建，也改称万岁山。万岁山以南，另有一个小岛叫作圆坻，也称瀛洲，即今团城的前身，有长达“二百尺”（约合 64 米）的汉白玉石桥与万岁山相连。从圆坻建木桥接连太液池的东西两岸，这组建筑是古代帝王们依据神话传说中的天上仙境而建造的，寄托着对长生不老的追求。于是以此为出发点，环绕三宫修建皇城，或称萧墙，也叫红门阑马墙。皇城之外再建大城（即外郭城）。

大都城宫城的位置既已确立，便将宫城的中心建筑群大明殿和延春阁，设置在宫城的中心线也就是大都的中轴线上。大内宫城正殿大明殿，是一座工字形平面的大型建筑。大明殿之后，设工字形平面的寝殿延春阁。从总体布局上，皇宫中的正殿大明殿为“前朝”，是帝王上朝治政、举行大典之处，元朝几乎所有的重大政治活动都在这里举行；大明殿的后面的延春阁是“后寝”，为正宫皇后的居所，阁中设有御榻，以供帝王和皇后休息。前后殿阁间设连廊，形成“前朝后寝”的平面布局，从而十分有力地突出了宫城的位置，充分显示出封建帝王至高无上的突出地位。并以此为依据，沿宫城的中心线向北延伸至积水潭的东北岸建中心阁。中心阁是元大都的重要建筑，其位置相当于今之鼓楼的所在地。元大德九年（1305），元成宗铁穆耳兴建规制宏伟的大天寿万宁寺，把中心阁围在寺内。《析津志》载：“原庙　行香　完者笃皇帝中心阁　正官　正月初八日。”元成宗去世后，皇帝在每年的正月初八日要到中心阁行香，祭祀元成宗，完者笃皇帝即元成宗蒙古语的称谓。

由于大都的宫城依天然湖泊而建，所以宫城的中轴线与全城平面布局的中心线之间尚有一些距离。于是，测定全城平面布局的中心，在这个中心点上竖立一个石刻的测量标志，题为“中心之台”。据《析津志》记载：“中心台，在中心阁西十五步，其台方幅一亩，以墙缭绕，正南有石碑，刻曰‘中心之台’，实都中东西南北四方之中也。”中心台在中心阁西十五步，约合23米处，即当时的齐政楼（鼓楼）所在，其正北就是钟楼。《析津志》又载：“齐政楼，都城之丽谯也。东中心阁。”齐政楼即元大都城的鼓楼，其在中心阁西，亦即大都中轴线西，位于今北京旧鼓楼大街南口。明代，将鼓楼和其北的钟楼向东移至今北京鼓楼、钟楼位置，亦即城市中轴线上。《马可·波罗游记》述云：“新都的中央，耸立着一座高楼，上面悬着一口大钟，每夜鸣钟报时。第三次钟响后，任何人都不得在街上行走。除非遇有紧急事务，如孕妇分娩或有人生病，非外出请医生不可者可以例外。但是，如果遇到这种情况，外出的人必须提灯。”“夜间，有三四十人一队的巡逻兵，在街头不断巡逻，随时查看有没有人在宵禁时间——即第三次钟响后——离家外出。被查获者立即逮捕监禁。”

宫城的中轴线和全城的几何中心“中心台”确定后，便以包括皇城在内的一段距离作为半径，来确定大城南北两面城墙的位置。然后从中心台向西，以包括积水潭在内的距离作为半径，来确定大都城东西两面城墙的位置。只是由于东墙的位置又遇到了低洼地带，不宜筑墙，只得向内稍作收缩。在城市规划设计中，把实测的全城中心作出明确的标志，无疑是我国城市规划史上一大创举，可称得起史无前例，也标明测量技术在城市规划建设上的重视。而在事实上，元代的中心阁和钟楼、鼓楼也就构成了全城的中心区，大都的布局，都是围绕着这个中心区展开的。

至元十三年（1276）城成，至元十八年（1281）开掘护城河，

▲ 鼓楼

二十四年（1287）筑城工程全部告成。大都新城建成后，元大都的范围包括南北两城，一个是原燕京城，称旧城或南城；另一个是在中都城东北的新城。新旧二城的民事仍由左、右警巡院统一管理。自此，一座雄伟壮丽、举世无双的都城矗立在华北大平原的北端，并随着城市经济的迅速发展以及对外交流的日趋广泛和频繁，而成为驰名世界的大都市。

宫廷用水金水河

北京自建都之后，历金、元、明、清四朝，城址虽有迁移，对于增辟水源却存在着共同的要求。首先是为了配合都市设计、辟治苑林，不得不寻求水源；其次是为了开凿河道、运输漕粮，更不得不寻求水源。此时元朝的统治范围已远远超过金国，同样大都城内几十万人口对漕粮的依赖，也已数倍于中都，这都是需要解决的问题。

元初，忽必烈十分重视大都城市建设和发展漕运两件大事。还在大都初建前，郭守敬就建议引用玉泉山水以通燕京到通州的漕运河道，这一建议得到忽必烈的赞许。不过等到大都建成后，玉泉山水已专为宫苑所用，用以解决美化宫苑和用水。沿用金朝引水工程的旧渠道，导玉泉诸水经过专辟的渠道汇入高梁河，水由和义门南水关（位于今西直门南 120 米处）入城，沿后半壁街、经八道湾西的柳巷，北沟沿、白塔寺东街，至太平桥大街后东转，到今丰盛胡同附近再折向东南，沿后泥洼东南的西斜街、过甘石桥后转向东北，经东斜街沿西皇城根北上，经厂桥流经一个“U”字形，再向东流，从西步粮桥（俗称西压桥）入今北海处的内宫，注入太液池。这条金水河在东斜街西南口还有一条支流，从灵境胡同向东直接入太液池，即现在中南海的中海水域，那时还没有开挖南海。其下游绕出宫禁前方以与运河相汇，名曰金水河（今长河）。现在北京城内天安门前有“外金水河”，即旧制的蜕余。但是元朝金水河上游入城的路线，至今湮废已久，故迹难寻，现在只有玉泉山前一段，还保留有“金河”的名称，而在昆明湖以南的下游，已与长河（玉河）汇流。

金水河在元朝一直是独流入城，不得其他河流相混。在遇有其他水道的地方，都要架槽引水，横过其上，名为“跨河跳槽”。为保证宫廷用水洁净，元代采取了严厉的处罚措施，金水河内禁止百姓洗濯、饮马，对犯者执以鞭刑。《都水监纪事》载：“金水入大内，敢有浴者、浣衣者、弃土石瓴甑其中、驱牛马往饮者，皆执而笞之。”《元史·河渠志》则记述，元至治二年（1322）五月，元英宗针对金水河污染事宜曾颁旨：“昔在世祖时，金水河濯手有禁，今则洗马者有之，比至疏涤，禁诸人毋得污秽。”于是合计修浚，三年四月兴工，五月工毕，凡役军八百，为工五千六百三十五。说明从元朝初年起，玉泉山诸泉之水，已为皇家宫苑所独享。金水河两岸美景非常，元代诗人马祖常这样赞美

▲ 天安门前外金水河

金水河："御沟春水晓潺潺，直似长虹曲似环。流入宫城才咫尺，便分天上与人间。"

到了明代，为避免该河道过多地跨河跳槽，把金水河改道，水从玉泉山向东引入紫竹院湖，再东流经高梁桥，分而为二。一支入护城河；另一支从德胜门水关汇入积水潭，向南出西步粮桥入北海，流经紫禁城后至内城南护城河，从大通桥流入通惠河。

郭守敬任太史令

郭守敬（1231—1316）字若思，顺德邢台（今河北邢台）人。是我国元代著名的科学家，在水利、数学、天文历法、仪器制造等方面都有杰出成就。

郭守敬出身书香世家，祖父郭荣是金元之际一位颇有名望的学者。郭守敬幼承祖父郭荣家学，精通五经，熟知天文、算学，擅长水利技术。后师从同乡刘秉忠。刘秉忠是元代初期杰出的政治家、文学家，精通经学和天文学，还主持了元大都和陪都上都的营建，郭守敬在他那儿学到了很多知识。刘秉忠被忽必烈召回京城，把郭守敬介绍给同窗张文谦。据当时人的总结，郭守敬的学问"不可及者有三：一曰水利之学，二曰历数之学，三曰仪象制造之学"。不过在郭守敬的三"不可及"之中，他最早赖以成名的是水利之学。21 岁时，他就规划设计了家乡邢台的一项河道疏浚工程，使蔓延的水泽各归故道，并且在他的指点之下挖出已被埋没了近三十年的石桥遗物，博得“习知水利”之誉。著名文学家元好问曾专门为此写了一篇《邢州新石桥记》，文中的郭生指的就是年轻的郭守敬。

公元1260年，忽必烈即帝位，张文谦升任中书左丞，郭守敬跟着张文谦到各处勘测地形，筹划水利方案，做了不少实际工作。中统三年（1262），由张文谦推荐，31岁的郭守敬在开平受到元世祖忽必烈的召见。他“面陈水利六事”。第一条，建议引用玉泉山水以通燕京到通州的漕运河道：

中统三年（1262）……公（郭守敬）面陈水利六事，其一：中都旧漕河、东至通州，灌以玉泉水，引入行舟，岁可省僦车钱六万缗。

这就是前面提到的金水河。可以说引玉泉之水入城是郭守敬为京城水利所建的第一功，从元代到解放初期，玉泉之水一直是北京城市用水的主要来源。

元世祖对郭守敬的六条建议大为赞扬，叹曰：“任事者如此，人不为素餐矣。”当下就任命他为提举诸路河渠，掌管各地河渠的整修和管理工作，第二年又升他为银符副河渠使。公元1264年，郭守敬在张文谦的支持下，奉命修浚西夏境内的唐来、汉延等古渠，更立闸堰，使当地的农田得到灌溉，受到西夏百姓的爱戴，

▲ 汇通祠郭守敬纪念馆

当地百姓曾在渠头上为他建立生祠，并立碑记录此事。次年，郭守敬升任都水少监。

公元 1265 年，为了解决通州至燕京漕运和修建大都城建材的需要，大都初建就开始利用所有资源修建运河，从通漕运、开金口运西山木石，都在水利家郭守敬主持和实施下取得巨大成功。特别在水利方面，通过对隋唐大运河截弯取直的规划设计，初步奠定了元代迄今京杭大运河的走向和格局，他还设计并亲自主持了通惠河的修建，使漕粮可以直运京城，这是中国水利工程史上的杰作之一。

公元 1276 年，元军攻下了南宋首都临安（今浙江杭州）。在统一全国前夕，元世祖忽必烈采纳刘秉忠生前建议，修订旧历，在全国疆域内统一新历法；诏令张文谦等主持成立新的治历机构太史局，太史局由王恂负责，郭守敬辅助。郭守敬提出“历之本在于测验，而测验之器莫先仪表”。为了编历，他简化了中国传统的观测仪器浑仪，创造了闻名世界的简仪、仰仪等优秀的天文仪表，其名载于齐履谦所撰《知太史院事郭公行状》中，分别为简仪、高表、候极仪、浑天象、玲珑仪、仰仪、立运仪、证理仪、景符、窥几、日月食仪以及星晷定时仪等十二种。

公元 1279 年，郭守敬向元世祖提出在太史局里建造一座新的司天台（天文台），位置在新城的东南角。元大都的南城墙道相当于现在的东西长安街，故这个天文台大约就在现今建国门古

▲ 古天文台上的观象仪

观象台北侧不远的地方。郭守敬还向忽必烈提议：如今元朝疆域比之前大了很多，不同地区日出日落昼夜长短时间不同、各地的时刻也不同，旧的历法已经不适用了，因此需要进行全国范围的天文观测以编制新的历法。忽必烈接受了郭守敬的建议，派监候官十四人分道而出，在全国各地设立二十七个观测站，进行了大规模的天文观测，后世称之为“四海测验”。经过四年多的努力，元世祖至元十七年（1280），在继承发展前人天文历法成果基础上，由许衡、王恂、郭守敬、杨恭懿等集体编创成功我国古代最先进、施行最久的历法《授时历》。《授时历》确定一回归年为365.2425日，距近代观测值365.2422仅差26秒，精度与公历相当，但比西方早采用了300多年。王恂去世后，郭守敬升任太史令兼领都水监事一职。

郭守敬还编撰了大量的天文历法著作，据《元史·郭守敬传》记载，有《推步》《立成》《历议拟稿》《转神选择》《上中下三历注式》《时候笺注》《修历源流》《仪象法式》《二至晷景考》《五星细行考五十卷》《古今交食考》《新测二十八舍杂坐诸星入宿去极》《新测无名诸星》《月离考》等十四种，共105卷。

1970年，为纪念郭守敬在天文历法上所取得的成就，国际天文学会将月球背面的一座环形山命名为“郭守敬环形山”；1977年，经国际小行星组织批准，中国科学院紫金山天文台在1964年发现的一颗小行星被命名为“郭守敬星”。

疏通坝河漕运

坝河在金代称金漕渠，元初称阜通河，是金中都漕运的一条人工运河。为了解决运河水源不足问题，中统三年八月，初次受到元世祖召见的郭守敬，明确指出“旧漕河”还存在，“中都旧漕河东至通州，权以玉泉水引入行舟”。只是因水源不足，运道不畅通，引入玉泉水后坝河就能通漕运。这说明当时积水潭已是漕运的终点码头，漕船可由温榆河沿坝河入积水潭。郭守敬的建议当即得到元世祖批准，任命在漕运上颇有建树的宁玉担任河道官，主持“疏浚玉泉河渠”。此次改造工程仍然利用金代所引的玉泉水，经长河接济高梁河的故道，然后在积水潭北面向东疏入旧漕渠（金漕渠），再向东北曲折迂回，下游与温榆河相通注入北运河，解决了元初的漕运问题。以后沿河陆续兴建漕仓，帆影映日，称阜通河。阜通取自《周礼·天官·大宰》：“六曰商贾，阜通货贿。”郑玄注：“阜，盛也。”意为货物丰富，购销渠道畅通，预示着经济通达、国力强盛。近年望京地区修路起名，就把两条东北向的大街冠为“阜通东大街”“阜通西大街”。

但过了十几年，阜通河的水源出了问题。原因是元大都新城的宫城及大内建成，玉泉山水已被引入宫苑。为了保证给宫苑清洁供水，还专门开辟了玉泉山至大内的金水河，阜通河的水量大为减少。为了保证漕运行船，只好在至元十六年（1279）兴建节水闸坝工程，利用这些闸坝来蓄水，以保证行船的必要水深。按照《元史·本纪》的记载，至元十六年六月辛丑，“以通州水略浅，舟运甚艰，命枢密院发军五千，仍令食禄诸官雇役千人开浚，以五十日讫工”。因为在漕河上设了“千斯、常庆、郭村、西阳、郑村、王村、深沟”七个坝，以后阜通河又被称为通七坝或坝河。但是年代久远，这七坝所在位置已多难准确判断。

疏通坝河后，实行水陆并进的办法。《元史·王思诚传》记载了当时坝河的规模：“至元十六年开坝河，设坝夫户八千三百七十有七，车户五千七十，出车三百九十辆。船户九百五十，出船一百九十艘……”坝河漕运量也有所增加，《元史·坝河》中记载：成宗大德六年三月，京畿漕运言，“岁漕米百万，全藉船坝夫力，自冰开发运，至河冻时止，计二百四十日，日运粮四千六百余石”，则全年可运 110 万石左右，直到元末河运停止前并未减少，可见坝河漕运的重要性。

元末河漕管理混乱，河道淤积严重、坝河浅涩。至正三年（1343），“坝夫累岁逃亡，十损四五，而运粮之数，十增八九”。船只由初建时的 190 艘下降到 68 艘，船户由 950 户降到 761 户，而每年开冰后的 240 天内，车船接运，任务极紧，昼夜奔驰，犹不能给。致使“一夫日运四百余石，启背成疮，憔悴如鬼”，连御史王思诚也觉得“甚可哀也”。此后不久，刘福通等领导的红巾军农民起义在全国爆发，元代的统治已处于风雨飘摇之中，漕运被农民军阻断。至正十二年（1352）“舟不至京师”，坝河漕运即告废止。

郭守敬开凿通惠河

古代社会的交通主要靠漕运，主要指中国古代各王朝通过水道将各地的粮食等物资运至京城，以满足官俸、军饷和宫廷的消费。中国古代，统一王朝的建立，导致统治格局的重大变化，即全国性统治中心的确立、从中央到地方官僚体系的形成、庞大军事体系以及全国性社会秩序的建立。这一变化促使王朝必须建立一个有序的、有保障的、以粮食为主体的物资供应体系。因此，上自秦朝建立统一王朝之后的历朝历代，漕运皆为国之“要政”。

忽必烈灭了南宋，统一了全中国，其统治范围远远超过了金朝，而大都城对于漕粮的依赖，也已数倍于中都。至元二十六年开凿会通河后，京杭大运河山东段“裁弯取直”改造初步完成。南方漕船自杭州沿江南运河到镇江，过长江沿淮扬运河（邗沟）北上至淮安，溯黄河（原淮河水道）至徐州，北行泗水入会通河，至临清入卫河（御河），至直沽（今天津）转白河达通州，实现江南漕船可以通航到通州的规划目标。另外，通过海运的大批粮食和物资到达直沽后，也通过白河运抵通州。但通州距大都城还有 50 余里，运输不畅。当时已开通的北线运河——坝河的运量有限，大部分漕粮还需陆路运输。但是劳费甚大，郭守敬说每年僦车费达六万缗。用车马运输不但运费昂贵，每当秋雨季节，道路泥泞，“驴畜死者不可胜计”，难以完成任务，首都的粮食供应得不到保障。为了寻找新的水源，郭守敬经过几十年对北京地区水资源及地形的详细勘查，直到至元二十八年（1291），才又建议另用昌平白浮泉水，引入旧闸河以济漕运。他的原文是：

大都运粮河，不用一亩泉旧源，别引北山白浮泉水，西折而南，经瓮山泊，自西水门入城，环流于积水潭。集东折而南，出南水门，合入旧运粮河，每十里置一闸，比至通州，凡为闸七，距闸里许，上重置斗门，互为提阏，以过舟止水。

郭守敬提出开通惠河建议，第二年批准开工，郭守敬再次被任命为都水监，任通惠河的设计、施工总指挥。忽必烈命令，仿效汉武帝塞瓠子决河的仪式，“丞相以下皆亲操畚锸倡工”，参加通惠河开凿的共有两万多人。因工程浩大，“通惠河道所都事”全权由“咸待公（郭守敬）指授而后行事”。按照郭守敬的设计方案，通惠河工程可以分为四大部分：

一是新建上游引水工程——白浮瓮山河，是一条新建32千米长的人工渠道。起点为昌平东南10余里的神山（今称龙山）下的白浮泉，然后向西南沿途汇入10余条山溪和泉水，修建清水口12处，共长310步，最后流入瓮山泊。

▲ 通惠河

为了截取白浮泉泉水，郭守敬在白浮泉下游修建堤堰，一方面拦蓄泉水，形成小蓄水池，保持水位高程；另一方面用来隔挡东沙河水的冲刷，这便是明朝人所说的白浮堰。但因“神山、白浮皆在（昌平）州之东南，地势西高东下”，如直接南下引向大都，中有河谷低下的沙河、清河两条大河，难以逾越；如向西行，有高峻西山挡道。面对这种复杂的地形条件，郭守敬在水利工程中，首先提出了以海平面为零点的海拔标准概念，比德国数学家高斯要早560年。经过实地测量，他得出了白浮泉地势虽低于西山，但要高于西山山麓地带。

按照郭守敬的设计方案：“自昌平县白浮村开导神山泉，西南转，循山麓，与一亩泉、榆河、玉泉诸水合，自西水门入都，经积水潭为停渊。”即堰渠先反向由东而西把泉水引向西山，大体沿50米等高线的山麓折而南下，宛如在山脚下画出一道漂亮的弧线，避开高山河谷，沿途又拦截沙河、清河上游的水源，汇聚孟村一亩泉、榆河温汤龙泉等10余条山溪和泉水，修建清水口12处，使水量大增。最后截取玉泉山之泉水向东南注入瓮山泊，这就是白浮瓮山河。白浮瓮山河共长约32千米，地形高差仅7米余，没有精准的测量技术根本无法实现渠水通畅，堪称北京水利史上的惊世杰作。时人尚不知海拔概念，感叹曰：“守敬乃能引之而西，是不可晓。”现代水利工程京密引水渠，以新的形式与姿态发挥它的价值，自白浮村至昆明湖这一段的线路，大体走向也基本与元代故道一致，仅小有调整，足证郭守敬对地形勘测之精确。

白浮堰引水工程于至元二十九年（1292）建成，这是北京城市发展史上引用西北泉水规模最大的一次。对白浮泉的利用，不仅解决了京师漕运问题，有机地将西北诸水与京城水系合为一体，而且“为大都城开辟了前所未有的新水源”，对当时元大都的城市生活、景观用水都具有相当重大的意义。中国著名历史地理学家、中科院院士侯仁之在其著作《北平历史地理》一书中强调，“北京，一个城市的成长历史，……白浮泉是北京生命之根”。运河北望，白浮为首。侯仁之院士认为：“昌平沿山一带多有流泉，其为利之溥与历史上之北京城息息相关者，首推白浮泉。”

二是扩建水源水库——瓮山泊，将原来天然湖泊扩大，建设成北京历史上最早的人工水库；同时扩建积水潭为京杭大运河的终点码头和泊船港。

三是通航水道的疏浚及闸坝建设。在通航水道上共新修建闸门 22 座，加上原来已经建好的广源闸 2 座，最后河道上闸门总数为 24 座。其分布是：积水潭以上的长河上设广源闸 2 座，西城闸 2 座，朝宗闸 2 座，共计 6 座；自积水潭东出口澄清闸流出，经过今东不压桥胡同、北河胡同，西南过南河沿大街、正义路、台基厂二条、船板胡同、北京站东南出城，在这一段河道上建澄清闸 3 座、文明闸 2 座、魏村闸 2 座，共计 7 座；改造金闸河河道（今通惠河），至通州城外中间建庆丰闸 2 座、平津闸 3 座、普济闸 2 座，共计闸坝 7 座，实现“借水行舟”。

四是新规划了运河与白河（今北运河）的衔接。通惠河到通州后不直接入白河，而改向东南方向，沿今御河，经土桥、高丽庄、李二寺入白河，建闸 4 座（通流闸 2 座、广利闸 2 座），实现京杭大运河全线贯通，漕河直接流入大都城。

至元三十年（1293）通惠河工程竣工，一队队漕船可从通州以南高丽庄经闸河径入都城，一直停泊在积水潭，史文有“舳舻蔽水”的描写，可以想见当时的盛况。为此，这条闸河被命名为“通惠”，这个名称一直保留到今天。通惠河的通航，使南来的漕粮船只可从通州直接驶入北京的积水潭，对繁荣大都经济、稳定元朝政权起到了重要作用。当年张文谦曾以四字评价郭守敬在水利方面的杰出才能——巧思绝人。可以说，实现京杭大运河全线贯通的最大功臣是水利家郭守敬。习惯上，我们提到南北大运河就要说到隋炀帝，而提到京杭大运河的全线贯通，首先就是郭守敬的巨大贡献。

但是通惠河的上源，自白浮泉以下以至瓮山泊，这一段很难维持长久。原因是这一段引水渠道与西山大致平行，每当雨季，山洪暴发，引水渠道经常被毁，而且“白浮、瓮山下至广源闸堤堰，多淤垫浅塞，源泉微细，不能通流”。如成宗大德十一年三月，“白浮、瓮山，河堤崩三十余里”；延祐元年四月，“自白浮、瓮山

▲ 北京运河图

下至广源闸堤堰，多淤垫浅塞，源泉微细，不能通流”。另外势家权贵分用通惠河上游泉流，也使河浅妨漕。文宗天历三年三月，中书省臣言：“世祖时开挑通惠河，安置闸座，全借上源白浮、一亩等泉之水以通漕运，今各枝及诸寺观权势，私决堤堰，浇灌稻田、水碾、园圃，致河浅妨漕事，乞禁之。”因此，终元一代，通惠河的运输，仍难免遇到水源不足的困难。

重开金口新河

1333年，因为通惠河水源不畅，都水监郭道寿提出“金口引水过京城至通州，其利无穷”，被工部官并河道提举司、大都路等合属官员耆老驳回。反对的理由是永定河自卢沟桥至合流处：“自来未尝有渔舟上下，此乃不可行船之明验也。且通州去京城四十里，卢沟止二十里，此时若可行船，当时何不于卢沟立马头，百事近便，却于四十里外通州为之？”这次虽然没能开通金口河，但到了顺帝至正二年（1342），还是因为通惠河水源不足，中书参议孛罗帖木儿、都水傅佐向朝廷建言，重开金口，自大都以下，别开新河。尽管有许多大臣反对，但是中书右丞相脱脱力排众议坚持执行。脱脱在奏疏中说：“如今有皇帝洪福里，将河依旧河身开挑呵，其利极好有。西山所出烧煤、木植、大灰等物，并递来江南诸物，海运至大都呵，好生得济有。”这个建议最终得到皇帝的批准。当年正月，役夫十万人，开金口新河。

金口新河“其自通州南高丽庄（今通州区大高力庄），直至西山石峡铁板开水古金口（今石景山发电厂院内）120余里，创开新河一道，深五丈，广二十丈，放西山金口水东流至高丽庄，合御河（今北运河），接引海运至大都城内输纳”。新辟的这条河道，在大都城外开河置闸，引金口永定河之水，从元大都文明河闸，今正阳门以东水关附近，转而南下，经由天坛以北三里河更东南行，由左安门东出城，以接十里河之旧河床，东达通州以通舟楫。工程进展很快，“遂以正月兴工，至四月功毕”。但在起闸放金口水时，因“流湍势急，沙泥壅塞，船不可行，而开挑之际，毁民庐舍坟茔，夫丁死伤甚众，又费用不赀，卒以无功”，引起民愤。《析津志》记述当时：“水至所挑河道，波涨潺汹、冲崩堤岸、居民彷徨，官为失措，漫注支岸，卒不可遏。”前面提到金钩河上游近金口处的北辛安村，在村南原有南辛安，因这次开河被毁，以后只留下北辛安。为此御史弹劾建议开挖金口河的责任者，最终将建言此事的孛罗帖木儿和傅佐予以斩首，用为妄言水利者之戒，金口河随之废弃，以后没人再敢提开金口的事。

明清北京大运河

明北京城是在元大都和金中都城的基础上，经过50余年的拓展、改造、建设之后形成的，是中国历史上建设得最辉煌的封建帝都。清初“定都京师，宫邑维旧”，全盘承袭了明朝北京城，是为中国历代都城的最后结晶。“北京城的规划艺术价值就在于它的整体性。它既严谨对称，又有城市及河湖水系山峦林木穿插其中，各个建筑物相辅相成，全部布局庄严秩序，园林自然有趣，街道胡同肌理整齐，民居色彩古朴典雅，公共建筑华丽辉煌，形成宏壮美丽的整体环境。”世界著名建筑设计大师贝聿铭说过：“北京古城是世界历史最长、规模最大的杰作，是中国历代都城建设的结晶。”“北京古城最杰出之处就在于它是一个完整的有计划的整体。”

明清北京城的布局

明北京城的布局，把紫禁城设在中央，整个都城以紫禁城为中心左右对称，皇城前左（东）建太庙，右（西）建社稷坛，并在城外四面建立天、地、日、月四坛。紫禁城位于北京城中心，周围环以10米高的城墙和52米宽的护城河，城墙四面各设城门一座：南名午门，北称玄武门，左右为东、西华门。紫禁城前半部以中轴线上的太和殿、中和殿、保和殿三大殿为中心，东西辅以文华、武英二殿，形成“品”字形格局，统称为“外朝”，是明、清两代皇帝办理政务、举行朝会及其他重要庆典的场所。三大殿建于高8.13米的3层汉白玉石台基上。其中太和殿面积2370平方米，高35米，重檐庑殿黄色琉璃瓦顶，是现存中国古代建筑中最高大的建筑，也是封建皇权的象征，皇帝登基、万寿、大婚、册立皇后等要在这里举行。内廷是皇室居住、生活的场所，内廷的建筑以中轴线上的乾清宫、交泰殿、坤宁宫三宫为中心，这是皇帝和皇后的住所。在中宫的东侧有东六宫及东房五所，西侧有西六宫和西房五所，供妃子和宫女们居住。承天门是皇城的南大门，明成祖取“承天启运”“受命于天”之意，命名为“承天门”。清顺治八年（1651）改建后称天安门。

承天门高大雄伟，是一座重檐歇山顶门楼，高度为33.7米，东西面阔九间，进深五间，其体量和规格稍次于太和殿。历朝帝王登基、选纳皇后等重大庆典时，在此举行颁诏仪式。门前五座汉白玉桥横跨金水河上，以象征天汉银河。宫城内古建筑总面积约16万平方米，整组宫殿建筑布局严谨，严格按照封建礼制和择中而立学说设计与营造，映现出帝王至高无上的权威。清初“定都京师，宫邑维旧”，全盘承袭了明朝北京城，成为中国封建帝都的最后成果。

重视水利事业

朱元璋起兵巢湖，凭仗水师骁勇，统一全国，所以非常重视水利事业。还在至正二十七年（1367），朱元璋平定江南地区后，即任命中书右丞相徐达为征虏大将军，中书平章常遇春为副将军，率兵25万由淮入河，北上灭元。次年，洪武元年（1368），

▲ 天安门

▲ 元大都北城垣遗址

朱元璋在应天（今南京市）即皇帝位，定国号曰“明”，建年号“洪武”。三月初一日，徐达督北伐主力溯黄河而上，西攻开封，夺取洛阳。两个月内，平定山东、河南、潼关。此时的元大都，已处于明军的弧形包围之中。五月，朱元璋至汴梁，把亲自绘制的《征进阵图》交给徐达，指出：“北土平旷，利于骑战，不可无备，宜选偏裨提精兵为先锋，将军督水陆之师继其后，下山东之粟以给馈饷，由邺（今河北临漳西南）趋赵（今河北邯郸），转临清而北，直捣元都，彼外援不及，内自惊溃，可不战而下。”六月初，徐达令河南各军向河阴（今河南武陟西南）集结，各卫粮船由济宁起航，保障后勤供应。闰七月十一日至临清（今属山东），遂令集结于东昌之师来会，且令参政傅友德开通陆路，都督副使顾时开通河道，于十五日水陆两路并进。二十三日至直沽（今天津），二十五日败元军于河西务（今天津市武清东北）。丙寅（二十八日）克通州（今北京通县）。八月初二日，进师攻占元都。徐达攻占元大都的捷报送达南京后，朱元璋非常高兴，取“北方太平”之意，下诏改大都路名为“北平府”，这是北平之称的开始。明军从应天、镇江出发，由淮入河，水陆并进，直捣元大都城，大运河起到重要作用。

修理通惠五闸

明初虽然建都南京，但北平是固守封疆、调动军队、消灭元军残余势力的军事前沿阵地。所以攻占北平后，徐达遵照朱元璋“固守封疆，防其侵轶”的命令，把大都北部空旷、荒凉之地让出，将北城墙南退5里，并依海子东流的一条天然小河作护城河，在其南侧砌筑新城垣。这座新筑的北城垣在经过积水潭之北时，因受高梁河入积水潭水道的影响，略偏西南而成一斜角，并在清代沿袭不改。同时，朱元璋又下诏命令徐达置燕山等六卫以守御北平，“大率五千六百人为卫”，这是明初在北平设卫之始。到洪武二年，升北平为“行中书省”，又置密云卫、燕山前、后卫，以后岁有增置，到洪武二十二年，竟达二十三卫。其间，建燕山都卫、北平都指挥使司和北平行都指挥使司；迁“山后民”和“沙漠遗民”近50万人，入北平州县屯戍；封第四子朱棣为燕王，藩国北平，“依元旧皇城基，改造王府”，“凡为宫殿室屋八百一十一间”。如此庞大的军务用粮和行政消费，仅靠军民屯田显然无法满足，必须有漕运的支持。

全国粮仓在江南，而北京却是集中用粮之地，所以早在洪武年间北平的漕运问题已是朝廷大事。元末白浮断流，水源枯竭，通惠河逐渐淤塞，为此明初为疏通河道、恢复航运付出了巨大努力。明洪武年间编纂的《图经志书》称：

今舟运只由通州通流、溥济至大兴县平津、庆丰、惠和凡五闸，皆近时发军民修理以通漕运者。其城内外旧有会川、朝宗、澄清、文明等闸，今皆存而不用。

这段文字记述了洪武年间曾修理过通惠河的五座闸门，使到达直沽的海运漕粮用驳船经北运河至通州后，得以沿着通惠河转至北平。只是通惠河上游水源枯竭，数座水闸早已存而不用。

疏通大运河

建文四年（1402）六月朱棣攻占南京，即皇帝位，是为明成祖，次年为永乐元年。朱棣即位后，便积极准备迁都北平。永乐元年（1403）正月十三，礼部尚书李志刚等言："自昔帝王或起布衣平定天下，或由外藩入承大统，而于肇迹之地皆有陞崇。且见北平布政司实皇上承运兴王之地，宜遵太祖高皇帝中都之制，立为京都。"当即决定改北平为北京，称"行在"。这是北京一名的首次出现，清朝沿用了北京一名，距今已有六百多年的历史。

明成祖为迁都北京，作了各种精心准备。首先，提高北平的政治地位，作为正式升为首都的前奏。二月庚戌（初三）设北京留守行军都督府、北京行部、北京国子监，改北平府为顺天府。这是北京又称"顺天府"之始。这以后，明成祖不但经常巡幸北京，而且疏凿会通河，便通对北京的漕运。其次，恢复幽燕的经济，从山西、江浙移民充实北京及其周围地区的劳动力。永乐元年七月，"徙直隶苏州等十郡、浙江等九省富民实北京"。最后，迁都的第三项准备工作是疏通运河，以济漕运。

北京的漕运，历史上一向由河、海两道而来。元末由于运河淤积，年久失修，不能航行，粮食多自海运。洪武年间，明朝供辽东及北平粮饷亦多自海上。然而，海运既艰险，又费时、费力，常是三年两至。成祖既决定迁都北京，修通早已淤塞的大运河，便成了当务之急。永乐四年（1406），成祖诏以次年五月修建北京宫殿，遣大臣分赴四川、湖广、江西、浙江、山西等地，采伐名贵木料，分遣工部尚书宋礼、兵部侍郎师逵、原兵部侍郎古朴、左副都御史刘观等赴各地办理。

太和殿是紫禁城建筑的中心，也是明清两代封建王朝权力的中心。太和殿总面积达两千多平方米，由 72 根楠木大柱支撑，直径最大的达一米以上。紫禁城内，最高等级的家具就是楠木金漆龙纹宝座屏风，内廷各处殿堂的陈设也缺不了楠木家具。另外，明十三陵长陵祾恩殿整座大殿全部采用名贵的金丝楠木建造，支撑殿宇的楠木巨柱共有 60 根，其中林立殿内的 32 根重檐金柱，高达 12.58 米。楠木生长在四川湖广等地原始森林的险峻之处，各种毒蛇害虫、豺狼虎豹时常出没，很多人进山以后有去无回，后人形容为“入山一千，出山五百”。大木采伐之后，山路崎岖，要趁夏季发水时期送入江河转入长江，然后在长江与大运河交汇处的扬州暂泊，再沿大运河北上京城，抵达京东通州张家湾上岸，最后搬运至崇文门外神木厂加工，这个过程有的需要三四年之久。

它如金砖来自苏州，精砖来自山东临清，松木多来自东北，所采集的大量瓦、砖、木、石，需从全国调运，这些物资不能经过海上再送北京，这就更加大了河运的需求。

当时，工部尚书宋礼算了一笔账，他说："海运经历险阻，每岁船辄损败，有漂没者。有司修补，迫于期限，多科敛为民病，而船亦不坚。计海船一艘，用百人而运千石，其费可办河船容二百石者二十，船用十人，可运四千石。"这就是说，一艘海船之费用抵二十艘河船之费，而运粮之数却只有河船的四分之一。明成祖听取宋礼的意见，命他与陈瑄共理运河修浚之事。时大运河淤塞部分，一段在淮安以北由淮河入黄河之间，另一段是自汶上至临清的会通河。陈瑄负责由淮河入黄河一段，宋礼主持会通河的修浚。

陈瑄早在永乐初，便负责海运工作，曾输江南粟四十九万石济北京及辽东饷，并于直沽建百万仓，修筑天津卫城，为北京及周围城市的建设，作出杰出的贡献。永乐十三年（1415），大运河通漕任务紧迫，陈瑄首先修通了由淮河入黄河段的运河。宋礼自汶上引水，北至临清，疏通四百五十余里的会通河。陈瑄帮助宋礼在会通河沿岸置闸、设仓，并造船二千余艘，初运粮二百万石，后增至五百万石。这样，江南至北京的大运河终于修通，不仅加快了北京城的建设，而且使明一代的京师物资供应得到了保障。

永乐迁都北京，是政治中心与军事中心统为一体的重要措施，北京与江南富庶之地有大运河漕运之便，也是长久统一全国、控扼南北的必须之举。从历史发展的角度看，明朝继承金元建都北京，为南北各民族的大融合、大统一，也为此后清王朝的振兴，乃至今日北京的昌盛、发展，奠定了基础。

整修通惠河

大运河是北京的生命线，通惠河的兴衰关系到每年数百万石漕粮能否通过水路运达城内。为保障京城水运通畅，通惠河与大运河北京段的整修同是必须解决的关键所在。永乐初受连年战争的影响，宫殿营造进度很慢，但对于通惠河的修建并未怠慢。

疏浚白浮渠道

元末对瓮山泊失于治理，水面锐减，湖堤已经残破不堪。明初永乐四年（1406）八月：

修西湖景东牛栏庄（今六郎庄）及青龙、华家（今挂甲屯）、瓮山三闸。

永乐五年（1407），北京行部奏请疏浚白浮渠道，明《成祖实录》记载：

永乐五年五月，北京行部言：自昌平县东南白浮村至西湖景东流水河口一百里，宜增置十二闸，请以民丁二十万官给费用修置。命以运粮军士浚之。

永乐五年九月，甲寅，修顺天府西湖景堤三百七十九丈。

永乐十五年明成祖由京师南京返回北京，复诏文武群臣集议营建北京之事。这时经过陈瑄和宋礼对大运河的整治，从杭州到北京，大运河南北畅通。砖石木料齐备，夫役到京，兴建工程全面展开。《大明会典》记载：

自永乐都燕后、岁漕东南四百万石。由江涉高宝诸湖、绝淮入河、经会通河、出卫河、白河、溯大通河、以达于京师。诸洪泉坝闸，以次修举。

整修通惠河

明代初营建北京，“凡庙社，郊祀、坛场、宫殿、门阙，规划悉如南京，而高敞壮丽过之”。把元朝的皇城（萧墙）向东西南三面拓展，因通惠河上游水源白浮渠枯竭，原来绕经旧日皇城东北及正东一面的运河，被圈入皇城。又“拓北京南城”，将元大都城南城墙向南移二里余，即由今长安街一线移至前三门一线，将元朝由丽正门左东南流的运河包入城中，粮船从此不再入城。

▲ 东便门外大通桥

今崇文门内船板胡同一带，原在运河北岸，逐渐形成由西北斜向东南的街巷。永乐十八年（1420）十一月，北京宫殿城池告成，永乐帝诏告天下准备迁都。从此，北京改称京师，而在习惯上仍称北京。

明宣德七年（1432），改东便门外的大通桥为通惠河的起点，通惠河改称“大通河”。但大通河水浅易涩，为此，成化、正德间屡命疏通。正统十四年（1449），为了保护通州城西的粮仓，在旧城西修建了新城，此后通州城南通惠河不畅通。到天顺二年（1458），大运河仅能通到张家湾，江南漕粮货物到张家湾后只能靠陆路驴驮车拉，一年之脚价竟“高达二十余万两”。

张家湾原是北运河旁边的一个小村庄，因元代“海运粮万户”张瑄驻扎于此而名。张家湾四面环水，南有凉水河，东有北运河，西北便是萧太后河。明初建有“皇木厂”和“通济仓”，存漕粮七十廒，有官道直通北京。明代通惠河与北运河相交处从李二寺北移至张家湾，张家湾遂成为北运河上重要的水陆码头。成化十一年（1475），明宪宗诏平江伯陈锐浚通惠河，一年而成，自都城东之大通桥，抵张家湾之浑河口，长一百六十余里，漕运稍通，引来都人聚观。此时运河的水源，主要靠玉泉山水系，“独引西湖泉水之半”，水源远远不足，不到二年浅涩如旧。

嘉靖六年（1527）十月，明世宗采纳巡按直隶监察御史吴仲的建议，让通惠河实现了全线通航，转年完工，这就是今日通州

城北的运河故道。吴仲整修通惠河的情况，在《大明会典》中记载:

大通河，即潞河，旧为通惠河。其源出昌平州白浮村神山泉过榆河，会一亩、马眼诸泉，汇为七里泺（今昆明湖）。东贯都城，由大通桥而下，至通州高丽庄入白河。长一百六十余里。元初所凿，赐名通惠。每十里为一闸，蓄水通舟，以免漕运陆挽之劳。国朝永乐以来，诸闸犹多存者，仍设官夫守视。然不以转漕，河流渐淤。成化、正德间累命疏之，功不果就。嘉靖六年，遣漕运总兵、锦衣卫都指挥及御史会浚之。自大通桥起，至通州石坝四十里，地势高下四丈，中间设庆丰等五闸以蓄水。每闸各设官吏，共编夫百八十名，每名工食银八两。造剥船三百只，每只价银三十五两，分置各闸。责经纪领之，使制布囊盛米。雇役递相转输，军民称便。

吴仲制定“舟车并进”方案，在通州城北门外“旧废土坝处”新筑石坝一座，通惠河不自张家湾而北移至通州城北入白河。南方来的漕船，由北运河直达通州城北门东侧的石坝码头停泊，坝夫将漕粮搬上石坝，由“大光楼”（俗称验粮楼）验粮官记数后，然后将粮食搬运到通惠河的船上，循通惠河送至大通桥。自石坝至大通桥，计搬运五处，每处用驳船60只，每只驳船载米60多石，日运约一万石。到达大通桥码头后，再用人力车或驴骡运至仓库。

▲ 张家湾

嘉靖七年（1528）二月动工，三个月修复。同年“十二月粮运既至（北京）一百九十九万三千八百石有奇，（当年）省脚价折银十一万三千三百两”。通惠河复航之后，给北京带来新的经济繁荣。吴仲进所编《通惠河志》，命送史馆，采入《会典》，并颁工部刊行。人思吴仲之功，在通州建祠祭祀他。

通航潮白河

密云一向为捍卫京师东北的军事重镇，军粮由通州陆运，劳费颇多。嘉靖三十三年（1554），蓟辽总督府移驻密云，总督蓟州、保定、辽东军务，兼理粮饷。设府后更是兵将集结，所需军粮倍增。蓟辽总督杨博经过实地勘察，提出疏浚白河故道，引潮、白二河汇流处北移至密云城南，以济漕运的方案，得到朝廷批准。以后又经过刘焘、刘应节、戚继光等官员的不断治理，潮白河得以全线通航，漕粮自通州至密云城溯流而上，通行无阻，历数百年而不衰。

开辟西北郊苑林

清初“定都京师，宫邑维旧”，全盘地承袭了明朝北京城，漕运渠道大体沿用明代旧制，仍以如何运输漕粮为最重要。以后“五闸二坝”中的各闸一般不再开启，改在每座闸前后开挖月河以排洪水。漕船到北运河后，由城北石坝码头将粮食卸下，一部分存入通州粮仓周转，一部分直接倒运到石坝楼后“葫芦头”

▲ 密云白龙潭

▲ 戚继光诗碑

水域的通惠河漕船上，再运进北京城各粮仓。康熙年间（1662—1722）仍利用通惠河加以疏导，并开浚内城东护城河，接引部分小型粮船从东直门外大通桥下，直达朝阳门与东直门外交纳入仓。

清朝统一中国之后，国家政治安定，经济亦有发展。康熙治理永定河，雍正大兴农田水利，乾隆治理城市水系，在北京水利发展历史上都占有重要地位。乾隆年间，为解决济漕用水，在西北郊山麓一带进行了一系列的整理水源的工作。开浚西湖，加筑东堤，拦蓄西山、玉泉山、寿安山来水，把形成一片水面汪洋的西湖改名昆明湖。并在湖的南端放水入长河的地方修建水闸，调节流量，有效地保证了通惠河上游的供水源源不绝，同时还可分一部分流水在海淀附近辟治更多的苑林。这样一来，不仅推动了西山园林的建设，达到中国古典园林发展的高峰，也让昆明湖成为北京历史上第一座水库。这标志着清代北京开辟水源的工作，已经达到了一个新的阶段。（详见下章昆明湖）

完善的供排水系统

明清两代，北京城的供排水系统很是完善。明代在兴建北京城时，治理西湖（今昆明湖），凿南海，开筒子河与金水河，挖掘内外城护城河，疏浚北京城区的河流沟渠。乾隆十五年（1750），乾隆帝开浚昆明湖，并在湖的南端入长河的地方修建水闸，调节流量，有效地保证了通惠河上游的济漕用水。昆明湖水南流后，经长河入高梁河。在北京城西北角由西水门入护城河，一分为二：一支沿西城墙南下，折向东流，又沿内城南城墙东流至大通桥，汇入城外的通惠河；另一支东流，由德胜门水关入积水潭、北海、中南海等六海水系，与外护城河水系、内护城河水系、皇城护城河水系、紫禁城护城河水系等层层环绕，最后流入通惠河。环环相扣的水系滋养着北京城的勃勃生机，使周围四季空气清新、气温宜人，既减弱了北京城中心区域的“热岛效应”，也成为北京城雨水排泄的最终归宿。

明清紫禁城的金水河有内外两条，内金水河引北海分流之水，绕经景山之西，注入紫禁城护城河，并从护城河的西北隅引入紫禁城内，弯曲南流，再东再南，时隐时现，最后流入紫禁城东南护城河。内金水河的流向，和北京的地势一致，自西北向东南，有九曲十八弯之说。之所以这样设计，当然还与风水、美观以及礼制有关。但从内金水河的设计意图来看，并非完全从美观着眼，更偏重于给水、排水和灭火几个方面去考虑的。紫禁城是典型的中国古典木结构建筑，如果失火会带来灭顶之灾。

紫禁城护城河又叫筒子河，是环绕紫禁城外围的护城河，也是至今仅存最完整的护城河。作为紫禁城的屏障，筒子河引什刹海水，经浴蚕河南下自西北流入，新中国成立后又增添从北海东南引来的水源。筒子河虽然是为防护紫禁城而建，但在紫禁城外

▲ 紫禁城内金水河

▲ 紫禁城护城河

围除防护以外，还显示出高贵的皇家气派。沿河栽种的树木，澄明如镜的水面，皇宫四周的角楼，高大壮丽的紫禁城，无不让人感受到神秘的权威气息。清代，筒子河由内务府所属的奉宸苑管理，曾在河里栽种了不少莲藕，既可观赏，又能收到经济利益。每到收获莲藕的季节，除供给皇宫使用外，多余的则予卖出，所得银两存入奉宸苑备用。

外金水河引用中南海之水，从南海东北的日知阁流出，向东经织女桥流入社稷坛（在今中山公园内）南部、经天安门外金水桥、再沿皇城南墙北侧向东入菖蒲河，过牛郎桥、天妃闸，在南河沿处汇入御河。

菖蒲河是外金水河的东段，因该地河中生长菖蒲而得名。明朝时菖蒲河一带是著名的皇家园林东苑。东苑废弃后变为皇城内的库署居所，民国时在菖蒲河两岸又建起了许多民宅，新中国成立后改为涵洞，填平河沟，改为街道。但破旧民房倚南皇城和太庙、皇史宬红墙而建，严重影响文物安全，河道填平也丢失了重要的史迹。2002 年，市政府斥资全部搬迁河道两侧居民，动工掀开菖蒲河上的盖板，恢复了水面，亮出了南皇城和太庙、皇史宬红墙等古建筑。在明代崇质宫旧址上建立雕梁画栋的东苑小筑，在河上修筑古朴的牛郎桥、天妃闸，将这里建设成一处依托历史遗址，富有古典风格的城市园林。

海运与铁路运输兴起

大运河的漕运，是中国古代发展经济不可或缺的运输方式。发展到清初，京杭大运河的漕运也达到了巅峰，为康乾盛世贡献了力量。

到清朝后期，漕运开支巨大，光运丁人数就达上万，闸夫数千，上面还有各种职位的管理人员，弊窦丛生，致使河运漕粮年年欠缺。海运则可以通航河流无法航行的庞大船只，节省了巨大的开支，还有盈利。有利于精简机构，除去内河漕运的弊端。此外运河经过黄河，黄河河床比较高，需要花费许多时间运过黄河，漕船一次来回需要七个多月。而走海运，20天就可以抵达，中间省去了许多停靠点，于是复行海运的呼声日趋高涨。

道光年间，漕粮开始尝试海运。道光五年（1825）在上海设海运总局，天津设收兑局，调琦善等总办首次海运。次年正月将苏州、松江、常州、镇江与太仓四府一州漕粮共一百六十三万三千余石分两批载运北上，行四千余里达天津收兑局验米交收。此后，咸丰二年（1852），江浙漕粮改为海运（又称海漕）；咸丰三年，湖北、湖南、江西、安徽四省漕粮改折，用银两或其他物品代替。随着海运的发展，漕运逐渐衰落。光绪二十六年（1900），南漕改用火车，由天津运往北京。光绪二十七年（1901），清政府令停止漕运。1911年，津浦铁路全线通车。运行了两千多年的漕运和大运河的辉煌逐渐变成了历史的

▲ 1901 年驶入北京前门东站的第一辆火车

▲ 北京前门东站

记忆。

京杭大运河是中国古代劳动人民创造的一项伟大工程，是祖先留给我们的珍贵物质和精神财富，是活着的、流动的重要人类遗产。虽然大运河自清末以来不再发挥漕运功能，但由此凝聚起来的丰富多彩的地域文化，在空间上展现为一条纵贯南北的运河文化带，成为世界文化遗产中的绚丽奇葩，有待我们继续发掘、研究和传承。

纵贯千年的大运河北京段，横跨昌平、海淀、西城、东城、朝阳、通州六区，沿线文物等级高、分布密集、时代跨度长、类型丰富，历史与现实相互交融，蕴含着深厚的精神内涵，承载了宝贵的文化记忆。

第三章　古都文脉——走读大运河北京段

▲ 通州大运河

大运河是流动的文化，在北京城市发展进程中的政治、经济、文化意义，决定了大运河文化带作为古都文脉的历史地位。我国开凿运河的历史悠久，自春秋战国以来，几乎各个朝代都有所建树。元代挖建的通惠河，自昌平县白浮村神山泉，经长河、瓮山泊（今昆明湖）至积水潭、什刹海，途经金碧辉煌的紫禁城、因运河和漕仓而名的街巷胡同，自文明门外（在今崇文门北）向东，在今天的朝阳区杨闸村向东南折，至通州高丽庄（今张家湾村）入潞河（今北运河故道）。纵贯千年的大运河北京段，横跨昌平、海淀、西城、东城、朝阳、通州六区，沿线文物等级高、分布密集、时代跨度长、类型丰富，历史与现实相互交融，蕴含着深厚的精神内涵，承载了宝贵的文化记忆。

运河源头的“敬水文化”

水文化是人类创造的与水有关的科学、人文等方面的精神与物质的文化财产。我们的祖先把中华民族优秀的“敬水文化”与中国流传了上千年的“龙的文化”完美结合在一起，用“龙”的符号世世代代地对“水”赋予自己最崇高的敬意和赞美。我国的民俗活动中，有许多与龙有关的节庆。元宵节舞龙灯、扎草龙，已成为春节庙会中最重要的一项标志性活动。二月二“龙抬头”，五月初五端午节，端午赛龙舟是我国南方水乡必然进行的一项庆祝活动。今天的舞龙灯和龙舟竞渡已走向世界，成为海内外龙的传人团结一致、共同振兴中华的一项表征。

龙王庙是中国传统“敬水文化”的重要组成部分之一。其起源、发展与盛衰同水旱灾害密切相关，体现着中华文明天、地、人关系的变迁，并具有浓厚的地域色彩。据北京市档案馆编纂的《北京寺庙历史资料》统计，1949 年以前北京城区和近郊区登记在册的龙王庙、龙王堂就有八十余座，成为承载着先民记忆的独特建筑。历史上，在大运河水源白浮泉和玉泉山一带，集中建有多座皇家御赐龙王庙，以及历代皇帝祭祀龙神的记载，这在其他地区也是难得见到的。

白浮泉“都龙王庙”

在白浮泉遗址，元代以来建有都龙王庙和九龙池，现为全国重点文物保护单位。《光绪昌平州志·山川记第四》记载：“城东南五里曰龙泉山，旧名白浮山。”根据《旧志》“龙泉山即白浮山，在城东南五里。上有都龙王祠，山半一洞，有人梯石而下，……”按《明一统志》云：“白浮山在州东南十里，上有二龙潭。”据明《隆庆昌平州志》，“按州东南五里有龙泉山，上建都龙王庙，山之东麓，泉涌山下，石窦潆洄，如玉喷吐，清冽可爱，州之游观者无间四时”。当年建有水池，流水出处有青石雕刻的九个龙头，取名九龙池。水自龙口喷出，有“九龙戏水”“龙泉喷玉”之称，清康熙年间易以“龙泉漱玉”，为明、清“燕平八景”之一。20 世纪 50 年代修建十三陵水库，加之北京城地下水水位陡降，白浮泉的龙头渐渐干涸。

都龙王庙位于龙山之巅，明洪武年间建。是北京历史上唯一一座以“都”字冠名的敕建龙王庙，有国家最高行政机关所在地首领的意思，代表“龙王泉祖之庙，为诸泉水之始”。庙坐北朝南，由照壁、山门、钟鼓楼、正殿及配殿等建筑组成。修建时按皇家规制，殿顶覆黄色琉璃瓦。正殿门口有一副楹联，上联为“九江八河天水总汇”，下联为“五湖四海饮水思源”。殿前悬挂匾额“都龙王庙”，殿内有新塑的龙王及诸位神仙像。后经历代修缮，现存建筑为清朝所建，院内明、清碑刻 5 通。此外，龙山一带还曾有白衣庵、龙潭、莲池、观音洞、甘露亭、戏台、鱼池等多处名胜古迹，可惜都毁弃不存。目前可以看到的就是下寺（龙泉寺）、上寺（都龙王庙）和九龙口（九龙池）。

明清时白浮泉是著名的祈雨之所，香火鼎盛。经数百年传承，形成了独具特色的祈雨习俗和龙山庙会文化。求雨是龙山的一个传统文化，每到干旱少雨，禾苗干涸的年景，人们总是要来都龙王庙进行祭祀，祈求龙王早日行云布雨，为他们降下救命的甘霖。场面大的时候，要有人扮演龟帅和虾兵蟹将。场面小的则是扶老携幼，在九龙口前，跪在水里，用红绳拴一个小瓶子，把小瓶子放在泉水中间的石窟窿处，当小瓶子流出来，看瓶子里有多少水，用手指头量，称作几指雨。如果太少，大家还会念叨一番，央求龙王爷再赏点，再把小瓶子重新放入。有一年大旱，官民去龙山祈雨，后来果然天降大雨，惊动了朝廷，于是光绪帝下旨南书房翰林，书写匾额“祥徵时若”，交给李鸿章，安排人悬挂于都龙王庙，此匾今无存。

龙山庙会为农历六月十一日至十三日，是昌平地区的一件大事。十里八乡民众会聚于此，庙会包括祈求平安、求雨上香，商品交流，买卖东西，听戏表演。届时昌平的州官，要亲自来到龙山，给龙王爷上香，祈求龙王爷保佑昌平地区风调雨顺，国泰民安。龙泉寺西南的平地上有一座戏楼，每到庙会的时候，一些戏班就会前来演出京戏、评剧、河北梆子。庙会这几天，也是商贩云集

▲ 白浮泉都龙王庙

▲ 白浮泉遗址碑亭

的时刻，吆喝叫卖的声音此起彼伏，寺内烟雾缭绕，钟磬之声不绝于耳，信众如织，人声鼎沸。

1989年夏，为纪念郭守敬倡议导引白浮泉引水济运七百周年，由北京市古代建筑研究所规划设计，修缮都龙王庙一如旧制，并整修九龙池，再现龙口喷水景观。以九龙池为核心建成一座园林景观，九龙池上建仿元式碑亭，亭内石碑正面“白浮泉遗址”，背面由侯仁之先生撰文，刘炳森所书《白浮泉遗址整修记》，为运河之源增色不少。

在大运河文化带建设中，昌平将再现大运河源头风貌，按照“一泉三庙一楼、两山两水两村”的构想，围绕白浮泉规划大运河源头遗址公园。其中，“一泉”即指“白浮泉”，重点打造“燕平八景”之一“龙泉漱玉”景观；“三庙”即指“都龙王庙”“龙泉禅寺”“白衣庵”；“一楼”即在龙山下复建的“大戏楼”。此外，“两山”则指龙山与凤山；“两水”是指京密引水渠与地处龙山东侧的昌平万亩滨河森林公园的浩渺水面；“两村”是地处龙山与凤山之间的化庄村，以及位于化庄村南约2千米的白浮村。同时，依托大运河源头、白浮瓮山河的水文化历史资源，建设水文化博物馆。

天下第一泉——玉泉山

玉泉山位于北京海淀区西山山麓、颐和园的西侧。山中奇岩幽洞，小溪潺潺，流泉活水，有风水宝地之说。“玉泉”的名称最早出现在《金史》上，因为这里的泉流“水清而碧，澄洁似玉”，故称“玉泉”。金代，建有芙蓉殿。金章宗完颜景多次游幸玉泉山，以为避暑之地，并以“玉泉垂虹”引为“燕京八景”之一。元初曾经引玉泉水通漕运，后来又开金水河，将大部分玉泉水引入皇城。明沈榜《宛署杂记·山川》记载：“玉泉，在县（宛平）西三十里玉泉山东北。泉出石罅间，因凿石为螭头，泉从螭口喷出，鸣若杂珮，色若素练，味极甘美。潴而为池，广三丈许。池东跨小石桥，水经桥下，东流入西湖，为京师八景之一，名曰玉泉垂虹。”螭，或螭首，传说中的龙生九子之一，一种没有角的龙。古建筑中多用于出水口的装饰，称为螭首散水。

清乾隆封玉泉为“天下第一泉”，题诗曰“玉泉原是水源头，量水高低事蓄收”。清代玉泉山水为通惠河之上源，并专供皇宫大内饮用，由插着龙旗的水车，经西直门运入宫中。《大清会典则例》卷八十四记载：“乾隆九年奉旨封京都玉泉山龙王之神为惠济慈佑龙神，十六年奉旨玉泉山龙神祠易以绿琉璃瓦。”龙神祠建在玉泉山南坡，又名天下第一泉龙神祠，或称静明园龙神祠，为皇家拈香祈雨之处。《日下旧闻考》卷八十五中记载：

御题龙王庙额曰永泽皇畿。乾隆十六年闰五月二十九日奉上谕：京师玉泉，灵源浚发，为德水之枢纽。畿甸众流环汇，皆从此潆注。朕历品名泉，实为天下第一。其泽流润广，惠济者博而远矣。泉上有龙神祠，已命所司鸠工崇饰，宜列之祀典。其品式一视黑龙潭，该部具仪以闻。

黑龙潭黄瓦龙王庙

黑龙潭龙王庙，在海淀区温泉镇画眉山，自颐和园向西，沿京密引水渠旁边的温颐公路，冷泉村北，与位于南麓的卧佛寺各占南北。相传这里的山“产石黑色，浮质而腻理，入金宫为眉石”，金代曾采石为宫女画眉，所以石称黛石，山称画眉山。《红楼梦》中，宝玉给初见面的林黛玉取名“颦颦”，并说“西山有石名黛，可代画眉之墨”即此。画眉山腰有一圆潭，径 10 余米，水从山峡石隙中流入潭内，溢泻山下田野。传说有黑龙潜藏水底，天旱之年潭水不涸，故名黑龙潭。

《帝京景物略》载，“黑龙潭在金山口北，依岗有龙王庙，碧殿丹垣。廊前为潭，土人云有黑龙潜其中，故名黑龙潭。”明成化二十二年兴建龙王庙，清康熙二十年（1681）重建。乾隆三年（1738）封龙神为昭灵沛泽龙王之神。据载，明万历及清康熙、乾隆等帝王，都曾来此祈雨、观潭，并在庙外修建行宫。庙内现存明清及民国重修碑、御制碑及祈雨灵应碑等多块。

民间传说，遇到干旱年景，唯有黑龙潭的流水终年不断。明清两代，黑龙潭祈雨活动规模很大，规格很高。首先要由钦天监

▲ 静明园龙神祠

▲ 黑龙潭龙王庙

选择日期，拟出王公大臣参加者名单和祈雨规模，由礼部奏请皇帝批准，再由翰林院撰写祝文。为表示虔诚，皇帝不乘辇，不设卤簿，躬亲祝帛。据说，乾隆皇帝 88 岁高龄时还亲临此庙向龙王爷叩头，以示尊重。为此，乾隆皇帝还将此庙的绿瓦换为只有皇家才能使用的黄瓦。

昆明湖“广润灵雨祠”

昆明湖龙神祠在颐和园南湖岛上，俗称龙王庙。门前左右各竖立旗杆一座，山门“广润灵雨祠”五字为嘉庆皇帝御笔亲题，门内正殿三间，硬山黄琉璃瓦屋面。正殿前悬挂楹联一副：“云归大海龙千丈，雪满长空鹤一群。”该祠为明代旧有建筑，坐落在始建于元代的“西堤”上，堤西面称“西湖”（瓮山泊）。明宋彦《山行杂记》中记载：“步西湖（昆明湖旧称）堤右小龙王庙。坐门阑，望湖，湖修三倍于广，庙当其冲，得湖胜最全。”

乾隆十五年（1750），乾隆皇帝建清漪园时扩展西湖，将瓮山（万寿山）南面，“西堤”以东的稻田、黑龙潭等辟为新湖区，形成“昆明湖”。原来“西堤”上的龙王庙一带成为湖心岛，即今南湖岛；龙王庙以东的一段“西堤”基址上建起了十七孔桥；南面还有一段“西堤”改造成昆明湖的东堤。重新修葺的龙王庙，因唐玄宗曾诏封四海为王，封西海为广润王，便将改名为“广润祠”，“香供着照静明园等处之例办理”，与皇家园林融为一体。

▲ 颐和园十七孔桥

广润祠修缮后，乾隆皇帝多次到此拈香祈雨或谢雨。乾隆六十年（1795）求雨灵验，又“诣广润祠谢雨，增号广润灵雨祠”，并作诗曰：“灵祠俯碧津，丹雘为重新。云气生帷幄，波光漾栱桭。含弘敷大泽，时济佑斯民。梦雨昨飘瓦，知时恰及春。”

嘉庆十七年（1812），嘉庆帝亲赴广润祠拈香，祈雨有应，特颁布上谕：“昆明湖广润灵雨祠龙神灵应夙著……于原封安佑普济神号下，敬增沛泽广生四字，并著礼部查照黑龙潭、玉泉山两处龙神祠祀典一体春秋致祭，以昭灵贶，钦此。”不仅在原封安佑普济神号下，敬增沛泽广生四字封号，还命昆明湖龙神祠同黑龙潭、玉泉山龙神祠一样，进入国家祀典。

北京最早的水库——昆明湖

现在昆明湖所在地，辽金时曾在此建金山行宫，称“金山”“金海”。据传金代时，有位老人在金山下挖出一个装满奇珍异宝的石瓮，金山遂改称瓮山，金海称瓮山泊。此外，昆明湖还有西湖、七里泺、七里泊或大泊湖等名称。当年昆明湖周围地势低洼，受玉泉山和周围泉水的流入“汇为巨浸”。明蒋一葵在《长安客话》载道：“西湖去玉泉山不里许，即玉泉、龙泉所潴。盖此地最洼，受诸泉之委，汇为巨浸，土名大泊湖。环湖十余里，荷蒲菱芡，与夫沙禽水鸟，出没隐见于天光云影中，可称绝胜。”清乾隆十五年（1750）重浚此湖，改名昆明湖。

运河上的人工水库

金初，为增加白莲潭（积水潭）的水量，兼以灌溉周边农田，便引玉泉山一带的泉水流入瓮山泊。同时开凿一条从瓮山泊通往高梁河上游的人工渠道，即今颐和园南门到紫竹院的“长河”，使西山水系开始成为助推北京城发展壮大的主动脉。金末，听取韩玉的建言，又以昌平一亩泉为水源，将一亩泉和玉泉山一带的诸多泉流一并向南引入瓮山泊，并开浚和扩大长河，“开通州路水漕渠，船运至都”。元代，郭守敬开凿白浮泉至瓮山泊的白浮瓮山河，扩建瓮山泊，将瓮山泊建设成北京历史上最早的人工水库。为拦蓄瓮山泊水库两岸泉水，北起自瓮山，下至麦庄桥附近筑有湖堤，两侧入排水另辟闸门，时称“十里长堤”。

瓮山泊变身风景区

刘侗《帝京景物略》记载长堤：

水从高梁桥而又西，……偶值数行柳垂之，傍极乐、真觉诸寺临之，前广源闸节之，上麦庄桥越之，而以态写，以疏密致，以明暗通。过桥，水亦已深，偶得濆衍，遂湖焉。界之长堤，湖在堤南，堤则北，稻田豆场在堤北，堤则南。曰西堤者，城西堤

▲ 玉泉山下的西湖

也。堤，官堤，人无敢亭，无敢舫，无敢渔。荷年年盛一湖，无敢采采。……堤行八九里，龙王庙，庙之傍黑龙潭，隔湖一堤，而各为水。又行一里，堤始尾，湖始濒，荷香始回。右顾村百家，上青龙桥，即玉泉山下也。

龙王庙在今昆明湖的南湖岛上，姚汝循西湖堤上诗曰："西湖湖上路，十里大堤平。雨后飞埃敛，风前归骑轻。青蒲翻立鹭，碧树隐流莺。今夜江天梦，应先绕帝城。"白浮泉至瓮山泊的白浮瓮山河属引水渠，不能行舟；积水潭西端至瓮山泊南端（今昆明湖南湖岛）长 10 千米余，可以行船，是元、明、清三朝皇帝乘船游览西湖的必经路线。元《燕石集》载，至顺三年（1332）文宗"泛舟于西山高梁河"。

随着大运河的兴建，北京最早的城市水源瓮山泊成了著名的风景区，在环境保护、水利建设上也取得很大的成绩。元《析津志》记载："西湖景，在（昌平）县西南五十里，青龙桥社，玉泉山东。其湖广袤约一顷余。旧有桥梁、水阁、湖船、市肆、蒲茭莲芡，拟江浙西湖之盛，故名。"元代在西湖周围建起水阁、寺庙，在瓮山东南建元中书令耶律楚材的墓园。其中，尤以护圣寺最为壮观。

"长河第一闸"广源闸

广源闸在海淀万寿寺东 100 米处，是元朝通惠河上游的头闸。

至元二十六年（1289）建成，比郭守敬开凿白浮泉工程早三年，被誉为“长河第一闸”。广源闸的结构分为闸基、闸门、闸墙三个部分。闸的平面呈西北—东南走向，闸口宽约13米，长约6米。两端闸墙的东西两侧的燕翅上各嵌有汉白玉石雕镇水兽一只，总共四只。历史上广源闸上铺设木板，兼具调水、码头、桥的功能，闸板早已无存，闸口仍保存完好。1979年落架大修，改建成钢筋混凝土结构桥梁，并设栏杆。1998年北京市改造长河时，修缮了广源闸，增设汉白玉栏杆。

广源闸东北侧坐落龙王庙一座，面阔一间。明正德六年（1511）四月十五日在此立《重修龙王庙记》石碑，铭文曰：“西山玉泉注为西湖湖水中流至广源闸之北岸，立庙以祀龙王之神，盖欲资其威灵默佑也。”根据记载，自元代起，每逢通惠河因天旱水浅难以通行运粮船时，都有专职官员到龙王庙祭祀水神，提闸放水。传说龙王的生日是腊月二十三日，过去每年农历腊月二十三日，广源闸的龙王庙都十分热闹，周边民众云集龙王庙祭祀龙王爷和灶王爷，希望“上天言好事”，保佑来年风调雨顺。该庙于21世纪初重修，庙门上悬有“紫金观”匾额，其内供奉中天北极紫微大帝塑像。2013年，广源闸作为大运河北京段的一部分，被列入全国重点文物保护单位大运河中。

▲ 广源闸

龙舟游幸护圣寺

元天历二年（1329）奉敕御建护圣寺，全名“大承天护圣寺”，寺内建有行宫，为皇帝游猎西郊的驻跸之所，并供奉有元文宗皇帝及太皇太后的御容。《元史文宗纪》记载：“五月，以储庆司所贮金三十锭，银百锭，建大承天护圣寺。”为建筑寺庙，朝廷将大量籍没的资产、田地赐给该寺作为永业，布达实哩皇后也资助该寺五万两银，“发卫卒三千助大承天护圣寺工役”。寺前有三座古台，相传是帝王赏花钓鱼游乐的地方。

元末明初所著《朴通事谚解》里，有对当时西湖和护圣寺风景的生动描述：

西湖是从玉泉里流下来，深浅长短不可量。湖中里必有圣旨里盖来的两座琉璃阁。远望高接青霄，近看时远侵碧汉，四面盖的如铺翠，白日黑夜瑞云生，果然奇哉……北岸上有一座大寺，内外大小佛殿，影堂串廊，两壁钟楼、金堂、禅堂、斋堂、碑堂，诸般殿舍，且不索说，笔舌难穷。殿前阁后，擎天耐霜傲雪苍松，也有带雾披烟翠竹，诸杂名花奇树，不知其数。阁前水面上自在快活的是对对儿鸳鸯，湖中心是浮上浮下的双儿鸭子。河边儿窥鱼的是无数目的水老鸦，撒网垂钓的是大小渔艇，弄水穿波的是觅死的鱼虾，无边无涯的是浮萍蒲棒，喷鼻眼花的是红白荷花。官里上龙舡，宫人们也上几只舡，做个筵席，动细乐、大乐，沿

▲ 明皇帝《入跸图》功德寺及寺前平台

河快活。到寺里烧香随喜之后，却到湖边桥上玉石龙床上坐歇一会。又上琉璃阁远望，满眼景致，真是个画也画不成，描也描不出，休夸天上瑶池，只此人间兜率。

文中“圣旨里盖来的两座琉璃阁”即西湖北岸的护圣寺，又名“双阁”，《析津志》称之为“水阁”。护圣寺的部分建筑伸延至湖中，游船可直接到达。元代诗人吴师道的《游西山玉泉》曰：“寺前对峙双飞阁，金铺射日开朱棂。载流累石作平地，修梁雄跨相纬经。”由此可知，此地成为元代皇帝出游和文人墨客“买舟载酒而往”游玩第一胜地。

四月清明赏西湖

明成祖朱棣建都北京后，迁南方移民在西湖以东、今海淀镇以北多泉的丹棱一带开辟水田，贵戚、官僚也纷纷占地造园。众多的私家园林增益了这一带天然风景的人工点染，与玉泉山、西湖的景观连成一片，让“风烟里畔千条柳，十里清阴到玉泉”的西北郊风景区范围更加往东扩大。鉴于元代开凿的一段水道失修而淤塞，遂于成化七年（1471）改引玉泉山之泉水东流注入西湖，以代替白浮神山泉水作为接济通惠河的上源，同时也兼供大内宫廷用水，西湖在北京供水系统中的地位就更为重要了。

明宣德二年(1427)，重建元末毁于火灾的护圣寺，改名为“功德寺”，仍建有行宫。重建后的功德寺规模宏大，前后有七进院落，大殿九楹，宣德皇帝、嘉靖皇帝常在此驻跸并留辇仗于寺中，与西湖一带的其他寺庙如湖东岸的龙王庙等并称为“环湖十寺”。功德寺北的金山脚下是明代皇家陵园，建有景泰帝陵和众多妃嫔的园寝。万历十六年（1588），明神宗谒陵还，乘龙舟畅游西湖，“经西湖，登龙舟，后妃嫔御皆从……是时艅艎青雀，首尾相衔，锦缆牙樯，波翻涛沸。即汉之昆明太液，石鲸鳞甲，殆不过是”。艅艎，神宗畅游西湖所乘坐的御船名；青雀指青鸟，是祥瑞之鸟，此处指船名或船头以青鸟为饰的旗帜。西湖曲赞之曰：

宣皇画舸戏湖中，鼍鼓鸾箫震碧空。何似汉家汾水上，棹歌摇落叹秋风。

绮丽的天然风景再加上寺庙、园林、村舍的点染，西湖遂成为京郊的著名游览胜地，获得了“环湖十里为一郡之胜观”的美誉。明朝时的西堤，“道皆古柳，香风芬馥”，京师民俗“四月赏西湖景”。《宛署杂记》记载：“四月赏西湖景。登玉泉山游寺。耍戒台、秋坡、观佛蛇。”届时，西堤湖中荷花极为繁盛，花开之时，红花绿叶香气袭人，京城男女老幼西郊踏青，出西直门，过高梁桥，经西堤而云集西湖。堤上“茶篷酒肆，杂以伎乐，绿树红裙，人

▲ 民国时的功德寺

▲ 潭柘寺

生笙歌，如装如应”，随后登玉泉山游寺，要戒台、观佛蛇。“戒台、秋坡”在西山戒台寺，自四月初八至十五止，天下游僧毕会，商贾辐辏；“观佛蛇”在潭柘寺，“白天上香礼佛，夜晚古村借宿”，成为北京百姓春游的固定场所。

中国第一皇家园林

清初北京西郊海淀一带的园林增多。西山地区泉水丰富，风景秀丽，经明清历代开辟皇家苑囿，自海淀镇至香山、玉泉山、万寿山，建成以静宜园、静明园、清漪园（颐和园）、圆明园、畅春园等五园为中心的九十多处离宫御苑和赐园，园林连绵二十余里，后人将这一片皇家行宫苑囿总称为三山五园。

1684 年康熙皇帝南巡归来，对江南的灵山秀水爱慕不已，回京后命善画山水的叶洮，在北京西郊今北京大学西墙外建造畅春园，作为“避喧听政”的地方，这是清代在北京西郊兴建的第一座皇家园林。1722 年雍正即位后，拓展原康熙所赐的圆明园，在园南增建正大光明殿和勤政殿以及内阁、六部、军机处储值房，御以“避喧听政”。雍正、乾隆、嘉庆、道光等皇帝在园中长期居住，并在圆明园内举行朝政、宴会等重大活动，成为仅次于紫禁城的政治活动中心。当时园林用水除了流量较小的万泉河水系外，多来自玉泉山发源、流入西湖之水，大量的园林用水使得耗水量与日俱增。

乾隆十五年（1750），乾隆帝以准备为母筹备六十大寿为名，下令拓挖西湖，拦截西山、玉泉山、寿安山来水，并在西湖西边开挖高水湖和养水湖，以此三湖作为蓄水库，保证宫廷园林用水，并为周围农田提供灌溉用水，开始了大规模扩湖工程。“谕瓮山著称万寿山，金海（西湖）著称昆明湖，应通行晓谕中外。”从此，瓮山改称万寿山，金海改称昆明湖。

昆明湖是中国保存最完整、园林美学水平最高的皇家园林颐和园的主体，是清代三山五园中最能体现山水相依、自然和谐的园林空间。中国传统园林文化既注重园林内部各景观的协调，同时也非常注重园林外其他景观的借入，也就是说通过位置的变化，使得外部景观成为本园林审美的有机组合。作为香山地区面积最大的湖泊，昆明湖就是玉泉山静明园、香山静宜园最为重要的外部借景之一，不论是站在玉泉山还是香山高处远望，昆明湖都是它们最好的借景。在生态方面，海淀历史上泉源密布，溪流众多，是北京水生态体系的重要组成部分，调节着北京人的生活环境。作为北京规模较大的湖泊，昆明湖成为北京城西部地区的天然加湿器，在调节空气质量方面起到一定作用。

据《清高宗实录》记载，将原来的堤防移至今知春亭以东，将原堤东的稻田、黑龙潭及零星水面与西湖连成一片，留下龙王庙孤岛，建十七孔桥相连。园内建筑以大报恩延寿寺（即佛香阁）为中心，山顶有用砖石建成的无梁殿称“智慧海”，园内修建百

▲ 颐和园

颐和园在北京城西北 10 千米外，占地面积 290 万平方米，是我国现存最完整的一座皇家行宫御苑。从功能上划分，颐和园可分为宫廷区和园林区，宫廷区又分为政治活动区和帝后生活区，园林区主要由万寿山景区和昆明湖景区组成。1961 年，国务院将颐和园公布为“第一批全国重点文物保护单位”；1998 年，联合国教科文组织将颐和园确认为“世界文化遗产”；2007 年，国家旅游局将颐和园评定为“第一批国家 5A 级旅游景区”。

余座亭台楼阁和景点建筑物。其中水面约 220 公顷，新湖岸周达 30 余里，面积是原来的二三倍以上，并系统修建了大量闸、坝、涵洞。乾隆二十九年（1764），又修筑昆明湖东堤二龙闸及东堤上的灌溉涵洞，在湖中修建西堤，将湖分成两个区域，西堤以东称昆明湖，堤以西仍称西湖。经过了这次大规模的改造修筑，万寿寺和昆明湖基本上形成了今天的规模，构成了一处独揽山水之胜的皇家园林，称为“清漪园”。清乾隆皇帝和皇太后经常在这里避暑理政。至此，昆明湖已完全成为一座蓄、灌、排设施完备的大型水利枢纽工程，对北京城市的防洪、灌溉、漕运、园林用水等方面发挥了巨大的作用。

清咸丰十年（1860）英法联军入侵北京，圆明园、万寿山清漪园、玉泉山静明园、香山静宜园和畅春园等均遭严重的焚烧和破坏，清漪园园中 4 万多种珍贵的陈设被洗劫一空。光绪十二年（1886），慈禧太后挪用海军经费修复清漪园，并将清漪园更名为“颐和园”。光绪二十六年（1900），颐和园再次遭到八国联军的洗劫。转年，慈禧太后从西安“回銮”，又动用巨资修复了残破的颐和园。

京味文化的靓丽名片——什刹海

京味文化的特点是雅俗共赏。雅文化包括皇家文化和士大夫文化，为社会上层人士和知识分子所有，带有浓重的王气、官气、儒雅气。俗文化属于平民文化，为普通大众所喜闻乐见。雅俗文化之间，往往互相吸收，互为影响。

作为京杭大运河的北端码头，自从元代开通大运河以来，什刹海就与漕运结下不解之缘。元代郭守敬“别引北山白浮泉水，西折而南，经瓮山泊，自西水门入城，环汇于积水潭”。东南吴楚的大贾，西南西北的川陕豪商，都通过水上交通来到大都，所谓“飞帆一苇，径抵辇下”。于是，大都城“百廛悬旌，万货别区。非但迩至，亦自远输”。南方来的漕运船只几乎遮盖了积水潭宽阔的水面，一时百舸云集，形成“舳舻蔽水”的宏伟景观。沿岸开设许多酒肆、茶楼、勾栏（剧场），南来北往的官吏客商相聚交流，使得积水潭至钟鼓楼一带成为集市与酒肆密布的商业中心。

明、清时期，虽然漕船不能驶进什刹海，但从东便门外大通桥到通州的漕道，仍然依赖什刹海供水，成为皇城北面民众可以自由出入的游憩胜地。经过元朝的初创和明清两代的发展，什刹海逐渐形成集王府文化、寺庙文化、科教文化、市井文化于一体的什刹海文化，成为京味文化中一张亮丽的名片。

独具特色的王府文化

清廷在北京实行满汉分城居住的政策，规定内城只准八旗驻防，使北京的内城成为“旗人社会”。内城分成九个部分，分属

▲ 什刹海

皇城和八旗，什刹海紧邻皇城，隶属皇帝亲自统领的正黄旗和镶黄旗驻地。在封建帝王的支持下，一批皇室权贵在什刹海兴建府邸修建园林，增添了什刹海地区的皇家色彩。

北京的王府，是一座仅次于皇宫的大四合院。在清朝以前，历代的王子都被分封到外地，设郡国各镇一方。如明初分封在各省的诸王，他们的王府都非常壮丽，其外形简直是个缩小了的皇城。鉴于历代分封分权的弊端，清代从皇太极时代起，把诸王全部留在京城，形成清代封王、赐建府邸的制度，但有严格的等级差别。据《大清会典·工部》载："凡亲王、郡王、世子、贝勒、贝子、镇国公、辅国公的住所，均称为府。"其中"亲王、郡王称王府"，后者则只能称为"府"。"王府"和"府"在形制上也有所区别，如王府的正房称"殿"，府的正房不能称"殿"；王府的正门殿寝均使用绿色琉璃瓦，府则绝对禁止，其规模也较王府小。另外，房库的间数、台基的高低、彩画的式样、门钉的多少，王府和府也各有所规定，不得越制。

按照清廷规定，皇子长到15岁，便要"分府"，由皇帝钦定爵位，分旗赐第。由于各代皇帝册封的皇子、皇孙逐年增多，北京内城的王府也就相应多起来。据史料记载，有清一代，在什刹海地区修建有恭王府、成亲王府、醇亲王府、庆亲王府、阿拉善王府、涛贝勒府、棍贝子府等王府建筑，至今仍然保护完好或者有迹可循。

恭王府在西城区前海西街17号，1982年由国务院定为全国重点文物保护单位，是北京市第一个对外开放的王府。恭王府原系乾隆重臣和珅建造，后为清道光皇帝第六子奕訢的府邸。光绪二十四年（1898）奕訢薨，溥伟袭恭亲王。民国初年，溥伟将恭王府及其花园抵押给西什库教堂。1937年德国人得到恭王府产权，建立辅仁大学。新中国成立后，先后由艺术师范学院、中国音乐学院、中国艺术研究院使用。

恭王府前部由东西中三部分组成，中路大门三间，左右各有旁门三间，院庭宽阔，有正门两重，均朝南。大门外有石狮子一对；大门内是五开间的二门，二门内为正殿和东西配殿，后面是后殿和东西配殿。后殿称“嘉乐堂”，用绿色琉璃瓦、脊吻兽。东路正厅称“多福轩”，后院厅称“乐道堂”，是恭亲王起居处。西路正厅称“葆光室”，后院厅称“锡晋斋”。王府的后罩楼计两层，东部称“瞻雾楼”，西部称“宝约楼”。楼中间有过道，直通后花园。

恭王府的后部是花园，称“萃锦园”。正门为西洋式石拱券门。门内有一巨大的太湖观赏石，名为“送子观音石”。石旁有“蝠池”，以池形如蝙蝠而名，池子两边种满榆树，与蝠池谐音“富余”。园中还有戏楼、安善堂、明道堂、天香庭院、妙香亭、秋水山房等建筑。“福”字碑是康熙御笔，号称“天下第一福”。

醇亲王府在北京市西城区后海北沿44号。“王府”原在内

▲ 恭王府内

▲ 醇亲王府

城西南角鲍家街太平湖畔，府主奕譞之子登基成为光绪皇帝，按例改为“潜龙邸”，不得再居住。于是慈禧太后赐府什刹海后海北岸，这就是醇亲王北府。光绪帝“驾崩”后无子，接第二代醇亲王载沣的长子溥仪继承皇位，为宣统帝，成就了醇亲王“一门二帝”的传奇，故醇亲王府又称摄政王府。醇亲王府分东部殿堂和西部花园两大部分。府邸花园也称西花园，园林布景构思巧妙，在清末被评为京城四大府邸花园之一。1963 年 4 月，宋庆龄迁居西花园，在这里工作生活了 18 个春秋。2006 年，醇亲王府被国务院批准列入第六批全国重点文物保护单位名单。

兴盛的寺庙文化

寺庙文化是京味文化的第二元素。北京为元明清历代都城，寺庙之众，甲于天下。什刹海的得名，便与寺庙相关，最能体现“庙系天下”的京味文化特征。过去什刹海也写作“十刹海”，四周原有广化寺、火德真君庙、护国寺、保安寺、真武庙、白马关帝庙、佑圣寺、万宁寺、石湖寺、万严寺等十座佛寺，故有此称。

佛经中有“十方刹海”之说，意为“佛法如海，佛海无边”十方乃整个宇宙空间，“刹海”指佛法世界，形容佛法无边，遍布寰宇。原故宫博物院院长单士元先生曾于 1982 年撰文称：“儿时生于什刹海，不识什刹海名称之渊源，传说在大片湖泊周围有古刹十，因而得名，……早年在什刹海畔德胜桥，有‘什刹海禅林’

古庙一座，其碑为明万历年建。”什刹海寺在德胜门内、后海西北岸糖房大院 27 号。寺前的街巷也曾称“什刹海胡同”。据文物部门考证：什刹海寺始建于明万历年间，清顺治六年（1949）、康熙三十一年（1692）两次重修，寺坐西朝东，山门三间，两侧配殿各两间，耳房三间。南面有配殿三间，耳房三间；北边有配殿六间，耳房六间；大殿三间。山门、配房、耳房皆为硬山箍头脊，筒瓦顶。大殿为硬山调大脊，筒瓦顶，供释迦牟尼佛像。原有石刻门额“古刹什刹海”。由此可以认为“什刹海”一名与“什刹海寺”有着非常密切的关系。广化寺内立有《重修广化寺碑》，乃清咸丰二年（1852）记重修庙宇之事。其间称“都城西北隅有巨浸曰什刹海，以环海有丛林十，故名”。这似乎是清代对“什刹海”的进一步诠释，该文字被专家们认定为“十刹之说”的文字见证。

什刹海地区风景优美，明清时寺庙林立。仅据《宸垣识略》记载，就有火德真君庙（在北安门外万宁桥北，路西为西药王庙），药王庙（在北安门外海子之西，东濒海子），白马关帝庙（在地安门西，面皇城），贤良祠（在白马关帝庙旁），海潮观音寺（在银锭桥南湾），海印寺（慈恩寺，在海子桥北），广福观（在鼓楼斜街），法华庵（与海印寺相近），广化寺（在鸦儿胡同），海会庵（在广化寺东），兴善寺（在广化寺西），镇水观音庵（汇通祠，在水关），净业寺（智光寺，在德胜门内西），太平庵（在净业寺西），金刚寺（般若庵，在积水潭东南抄手胡同）等，计四十余座佛刹、道观、神庙。有这么多寺庙分布在什刹海周围，足以说明什刹海地区寺庙文化的兴盛。

镇水观音庵旧称法华寺，原为龙王堂旧址，明永乐年间姚广孝建，是什刹海历史文化旅游区的一处标志性景观。庵旁建有铁棂闸，为六海的进水口。北护城河水由水关入城，水经水关时流势湍急，为阻遏水势建一石螭，称石雕镇水兽，系雕在石板上的一头爬行四脚怪兽，长约 1.90 米，与德胜桥栏西侧的镇海牛、崇文门内镇海寺的镇海龟并称“镇海三宝”。水冲石螭，旁分左右，发出海潮的声音，遂有人称该庵为“海潮观音庵”。清乾隆二十六年（1761），乾隆帝下诏疏通河道，对积水潭的湖泊水系进行了大规模清淤疏浚，堤岸广植树木，重修镇水观音庵，并赐名汇通祠。祠坐落于什刹海西海北岸的一座小土山上，坐北朝南，红墙灰瓦，石券山门，匾额上书“潮音普觉”和“功兼利济”。正殿供奉观世音菩萨，祠内有乾隆《汇通祠诗》和《积水潭即景诗三绝句》：“积水苍池蓄众流，节宣形胜巩皇州。疏淤导顺植桃柳，三里长溪可进舟。”该祠曾在修建环城地铁时拆除，后复建，现辟为郭守敬纪念馆。

西海的东岸，还有真武庙，寺坐北朝南，只有山门 3 间，正殿 3 间和东配殿。始明代时重建，庙内有乾隆年间铸的香炉和光绪年间铸的钟。西海南岸有金刚寺、兴德寺、莲花庵等，“尽化

▲ 镇水观音庵

▲ 什刹海东岸火神庙

于沙砾间矣”。

金刚寺，原名般若庵，建于元代，寺坐北朝南，背向湖水。因寺内有石刻金刚经而名。初时，寺内建筑很简朴，前有大阁，后有静室，院内栽植数丛翠竹。万历年间，蜀僧省南来后，大兴土木，在前边建了大殿，后边修了高阁，左右两边建楼数十楹，明代葛一龙（1567—1640）曾写《正月十六夜过蕴璞于金刚寺》诗：禅灯何昼夜，非续上元春。花外无明种，光中不坏身。三更般若地，一笑石头人。尘梦年年忆，相看面目真。蕴璞，是在金刚寺做了8年主持并圆寂于此的名僧。

兴德寺，原为明朝阮姓宦官的宅第，正统十二年（1447）修宅时，从地下掘得石碑，始知此地原为元代龙泉寺旧寺，阮宦官随将宅院改建为寺。皇帝得知后，赐名为兴德寺。该寺与金刚寺相邻，衰败后将寺左之地卖与金刚寺。寺右为僧房，寺后有亩许大小的平台可遥望湖水。

浓重的士人文化

士大夫，是古代中国对于社会上的士人和官吏的统称。他们既是国家政治的直接参与者，又是社会上文化、艺术的创造者、传承者。元朝以后，北京作为全国政治、文化中心，高度会集了全国各地各民族的文化精英。湖边的王府园林、寺庙建筑与什刹海的自然风光完美结合，被古人誉为是集“西湖春，秦淮夏，洞庭秋”为一体的风景区，吸引了众多士大夫、文人雅士在此居住和活动。于是，他们在什刹海地区留下了生活、工作和游赏的足迹，为什刹海地区增添了浓重的人文色彩。

元代大书法家赵孟頫，蒙古族诗人萨都剌，著名画家王冕以及众多的官僚贵胄、文人墨客都曾在什刹海畔吟咏赋诗，这些歌咏什刹海的诗文散见各种历史文献中。如仅明代刘侗、于奕正合撰的《帝京景物略》一书在“水关”条目下，就收录元、明官员文人的诗篇七十四首，另收录歌咏什刹海周围园林、寺庙的诗文四十八篇，合之有百二十余首。《松雪斋集》记赵孟頫60岁时，与少年诗人李子构在海子饮酒同吟的故事，子构即事赋诗曰：“驰道香尘逐玉珂，彤楼花暗鼓云和。光风渐绿瀛洲草，细雨微生太液波。月榭管弦鸣曙早，水亭帘幕受寒多。少年易动伤心感，唤取蛾眉对酒歌。”子昂和诗曰：“小姬劝客倒金壶，家近荷花似镜湖。游骑等闲来洗马，舞靴轻妙迅飞凫。油云判污缠头锦，粉汗生怜络臂珠。只有道人尘境静，一襟凉思咏风雩。”李子构名材，京兆才子，年十七赋此诗，故自称少年。赵孟頫十分欣赏他的才华，于是重用韵和了一首，为海子平添了一段千古佳话。

明初永乐至成化年间，文坛上出现一种“台阁体”的文学创作风格。台阁又称“馆阁”，主要指当时的内阁与翰林院，他们的诗文只追求所谓“雍容典雅”、粉饰太平、歌功颂德的

“应制”和应酬之作。这种文风缺乏实际内容且毫无创新，但因为由统治者所倡导，因此一时模仿成风，千篇一律成为流弊。明成化之后，日渐严重的社会弊病已与粉饰太平的台阁体不相容。于是以李东阳为首的一派起而振兴，主张学诗应效法唐诗的创作经验，反对台阁体的形式主义文风。李东阳号西涯，祖籍长沙府茶陵，官至吏部尚书、文渊阁大学士，立朝数十年。他奖掖后进，推举才士，门生满朝。他在什刹海前海西岸的居所建怀麓堂和西涯书屋，被称为“西涯胜地”，为“茶陵诗派”雅集吟和的文会之所。时人称：“李文正当国时，每日朝罢，则门生群集其家，皆海内名流。其座上常满，殆无虚日谈文论艺，绝口不及势力。”李东阳主持文坛数十年之久，直至正德年间，茶陵诗派仍为诗坛主流。

嘉靖、万历年间，出现了以王世贞等为首的“文必西汉”复古运动，以袁宗道、袁宏道、袁中道三兄弟为首的文学流派起来反对。因他们都是湖广公安县人，故称“公安派”。袁氏兄弟都是李贽的弟子，深受李贽反对复古、反对旧礼教、反对封建传统思想的影响。万历二十七年（1599），三袁与陶望周、谢肇淛、黄辉等主张革新、反对复古的二十余人，在什刹海畔崇国寺（护国寺）内的葡萄园结社，取名为“葡萄社”。袁宗道时任东宫太子朱常洛的侍讲，每旬日在崇国寺集会。《珂雪斋集》中记载：“追思伯修（宗道）居从官时，聚名士大夫，论学于崇国寺之葡萄林

▲ 什刹海畔崇国寺（护国寺）

下，公（潘士藻）其一也。当入社日，轮一人具伊蒲之食，至则聚谈，或游水边，或览贝叶佛典，或数人相聚问近日所见，或静坐禅榻上，或作诗，至日暮始归。”公安派以狂者姿态讥讽执政，袁宏道诗云：“野花遮眼酒沾涕，塞耳愁听新朝事。邸报束作一筐灰，朝衣典与栽花市。新诗日日千余言，诗中无一忧民字。旁人道我真聩聩，口不能答指山翠。自从老杜得诗名，忧君爱国成儿戏！言既无庸默不可，阮家哪得不沉醉？眼底浓浓一杯春，恸于洛阳少年泪。”袁宏道还在给友人的信中说，“一时执政诸大臣，有杞、桧之奸，林甫、嵩之之媢嫉也”，“伪士满朝，庸儒误国”。

当时，反对复古主义的还有以竟陵（今湖北省天门市）人为代表的“竟陵派”。竟陵派反对拟古之风，主张文学创作应抒写“性灵”，倡导“幽深孤峭”风格。受竟陵派影响而较有成就的是刘侗，他与于奕正合撰的《帝京景物略》，改变通常句式以增强语言的表现力，成为竟陵体语言风格代表作品之一。

历史上，与什刹海有千丝万缕联系的名人甚多。除元大都的设计者刘秉忠、水利专家郭守敬外，明代书画家米万钟，在积水潭东侧修建漫园，常邀集诸文士到园内赏游雅集，登楼远眺，吟咏赋诗。所谓“未春期社集，朋至候春齐。晚驾冰嬉左，昏攀阁眺迷”。乾隆朝的内阁学士和书法家翁方纲，他的府邸曾在后海的清水桥（今柳荫街）附近。《天咫偶闻》记载：“曾集二十四

▲ 后海南沿 26 号张伯驹故居

诗人于湖上酒楼（庆龙堂），每月有诗会。一时群羡为神仙中人，如法石帆、何兰士、顾南雅、王惕夫、张南山、宋芝山诸人皆与。”其他如《宛署杂记》的作者沈榜，清代的明珠、和珅、载涛、纳兰性德，当代的宋庆龄、陈垣、鲁迅、张相文、梅兰芳、徐悲鸿、张伯驹、老舍等。他们或居住在什刹海，或治理过什刹海，或研究过什刹海，或歌咏过什刹海，或在什刹海畔工作，或在什刹海边学习成才，都在什刹海地区留下了深深的足迹。这些名人与什刹海的密切关系以及他们的生平事迹、重大成就，是什刹海文化中的宝藏。

丰富多彩的市井文化

元时供应大都的漕粮自南方沿运河北上，经今北运河、潮白河上溯，在今通州南的张家湾和潞县分别经由文明河，即由张家湾西行，至董村折向西北，至今崇文门以东与金旧闸河相合；或经通惠河西运，入城后再沿皇城东墙外直北，过万宁桥（海子桥）、澄清闸进入海子（积水潭）。另有一路则是沿温榆河北上，由东西坝转运至大都城内。漕运不仅保证了大都城粮食供应和其他物资的供应，也促使了南北文化的大交流，使大都城成为名副其实的政治、经济、文化中心。

繁华的鼓楼商业区

通惠河凿通之后，东南吴楚的大贾，西南西北的川陕豪商，都通过水上交通来到大都，所谓“飞帆一苇，径抵辇下”。于是大都城“百廛悬旌，万货别区。非但迩至，亦自远输”。因为南方来的漕运船只皆停泊在积水潭上，积水潭周围的鼓楼和斜街市不仅成为大都城内最大的商业中心，也是当时的游览中心，“率多歌台酒馆”正是当时情况的真实写照。

海子迤北的钟、鼓楼一带，是大都城内最繁华的商业区。据《析津志》记载，元大都城内外的商业行市即达30余种。其中，米市、面市、缎子市、皮帽市、帽子市、穷汉市、鹅鸭市、珠子市、沙剌市（即珍宝市）、柴炭市、铁器市等，鳞次栉比、比比皆是，都在今北京积水潭北的钟、鼓楼一带。《析津志》描述其盛况云：“钟楼之东南转角街市俱是针铺。西斜街（今北京积水潭东北）临海子，率多歌台酒馆，有望湖亭，昔日皆贵官游赏之地。楼之左右俱有果木饼面柴炭器用之属。”又云：“钟楼……本朝富庶殷实莫盛于此。”道路两旁商贾云集，人流熙攘。许多富家大户、显贵官宦、文人雅士也趋之若鹜。他们相继在这里建府第、豪宅，造园林、兴别墅。一时间，海子周围成了大都城人们最向往的所在。街巷内云集了权贵功臣们的高宅大院和普通百姓的素雅民居。元代钟、鼓楼在今旧鼓楼大街，明、清、民国以至于今，鼓楼前大街、地安门外大街依然是北京城区的重要商业区。什刹海边还有烤肉季饭庄、庆云楼、会贤堂、和成楼、天和茶园等著名老字号。

▲ 什刹海荷花市场

东西两庙货最全

永乐时，在湖岸相继修建了众多的寺庙，如广化寺、火德真君庙、护国寺、什刹海寺等，形成诸多庙市。如每年阴历四月八日庆祝佛诞节，四月二十二日宛平县城隍神出巡，七月十五日中元节盂兰盆会，火神庙举行拜官仪式，每月逢七、逢八护国寺庙会，正月初一、十五的火神庙、药王庙庙会等，使什刹海的商业文化更加丰富多彩。

在北京的各大庙会中，以西庙护国寺、东庙隆福寺，两大庙会最为著名。《京都竹枝词》写道："东西两庙货最全，一日能销百万钱。多少贵人闲至此，衣香犹带御炉烟。"护国寺史称"崇国寺"，建于元代至元二十一年（1284），为丞相托克托的故宅。明永乐年间赐予姚广孝，后为皇家巨刹。清康熙六十一年（1722）重修，改名护国寺。护国寺庙会原是旧历逢七、逢八；民国十一年（1922）改为阳历逢七、逢八。《燕京岁时记》中说，护国寺庙会"凡珠玉、棱罗、衣服、饮食、古玩、字画、花鸟、虫鱼以及寻常日用之物，星卜、杂技之流，无所不有"。该地处于京师腹地，周围居住的多是王公贵族、豪门大户，可称专销高档商品的高级庙会。护国寺院外，有北京早期的"宠物市场"，如鸟市、鸽市、狗市等。庙会期间，在今新街口南大街的便道上，还会出现旧书摊、旧货摊、旧木器摊等，吸引了不少文人墨客去闲逛。

护国寺曾有九进殿堂，依次为：山门、金刚殿（弥勒殿）、天王殿、延寿殿、崇寿殿、千佛殿、护法殿、功德殿、菩萨殿。庙里的两个喇嘛塔，与妙应寺白塔很是相像。千佛殿内还供有元托克托夫妇和姚广孝的塑像。可惜的是，清光绪二十三年（1907）五月初三，护国寺失火，烧毁了许多殿宇。到了20世纪三四十年代，因年久失修，殿宇坍塌，几成废墟。现经北京市政府修缮，被列为国家重点保护单位。

平民百姓的市井宝地

明建都北京后，西北部的水域被隔在德胜门外，称太平湖。在德胜门内修建了一条南北大街，即德胜门内大街，街上修建有德胜桥（位于今德胜门内大街北段，石桥现存）。桥西部水域仍沿称积水潭（后又称西海），桥东部水域称什刹海。现在的积水潭，仅指汇通祠小山南边的一湖碧水。其后，又修建银锭桥，再将什刹海一分为二，桥西称什刹后海（简称后海），桥东称什刹前海（简称前海）。自此，外三海格局基本定位。同时，在太液池的基础上，向南扩充南海，形成北、中、南三海，是为内三海格局基本定位。由于“内三海”处于普通百姓难以涉足的皇家御园，而“外三海”则是平民百姓可以观光游览、避暑消夏的好去处，所以“外三海”被称为“京城最富有人民性的市井宝地”。

已故著名建筑大师张开济先生说：我十分喜爱什刹海。其原因有三：其一，是它的人民性。世界上数一数二的历史文化名

▲ 京城最富有人民性的市井宝地

城中，北京的名胜古迹，几乎都是宫殿、陵墓、祭坛、皇家园林等帝王享用的建筑和僧庙、道观等宗教建筑，而供广大劳动人民游乐的地方似乎只有两个：一个是什刹海、一个是天桥。在这两个地方，北京人不问男女老少，包括三教九流，大家一起吃喝玩乐，各得其所，各尽其乐。其二，是爱它的自然美。北京的北海、中南海、颐和园以及什刹海，都有非常优美的景色。不过，前三者都是皇家园林，以华丽高贵取胜，而不免有人工斧凿的痕迹。而唯独什刹海是以自然朴素之美见长，自有一番野趣，这是前三者所不及的。其三，是因为他在那里曾设计过一幢小楼。这幢小楼环路而建，与什刹海周围的环境互相协调，融为一体，且抑或多或少为什刹海增添了一点色彩。

外三海宽阔的水面既给北京城平添了无限的生机，也使得街巷、胡同随形而影，出现了许多变化。特别是什刹海周边地区的胡同，出现了与什刹海西海、后海由西北而东南，至前海又转向西南延展相一致的街巷胡同，形成了独特的，颇有中国古典园林中那种“曲径通幽处，禅房花木深”的韵味。如后海南侧的羊房胡同、后海南河沿、北官房胡同、大小金丝套胡同、南官房胡同、前海北河沿；北侧的后海北河沿、甘露胡同、鸦儿胡同、烟袋斜街、前海南河沿，白米斜街等，都是一些别具一格的街巷、胡同，与毗邻的德胜门内大街两侧规整的呈东西向的胡同形成了鲜明的对比。

银锭桥“三绝”

银锭桥南北横跨在什刹前海与后海的连接处，北接小石碑胡同南口、南连银锭桥胡同北口。因桥形似元宝，故名“银锭桥”。该桥始建于明代，已有500多年的历史，其初建年代无考。银锭桥以“三绝”著称，眺望西山位居“三绝”之首。站在银锭桥上往西望去，可以看到西山，被称为“银锭观山”，是旧燕京十六景之一。第二绝观赏荷花，清代纳兰性德，每当荷花盛开之际，总喜欢和友人曹寅、朱尊彝等漫步堤岸，欣赏“藕风轻，莲露冷，断虹收。正红窗，初上帘钩。田田翠盖，趁斜阳，鱼浪香浮”的美景。第三绝是品尝烤肉。“客旅京华，问道季家何处？香浮什刹，引来银锭桥边。”银锭桥东有百年老字号“烤肉季”。来北京的游客，若只品尝了烤鸭、涮羊肉，未曾品味烤肉，绝对是件憾事。周围有恭王府、醇王府、宋庆龄故居、郭沫若故居等多处名人故居。1984年，原桥拆除重建，在桥身正面镌刻着由单士元先生题写的“银锭桥”三个楷体大字。1989年，公布为西城区文保单位。

红火的民俗活动

什刹海的民俗文化丰富多彩。正月十五鼓楼前、后门桥摇元宵、点花灯、放烟火；三月上旬巳日到什刹海边春禊；六月酷暑到海子观洗马洗象；六月二十四日荷花节到前海（莲花泡子）赏荷花；七月十五日到广化寺观看盂兰盆会；秋天到什刹

▲ 银锭桥畔

海斗蛐蛐儿，冬天到什刹海溜冰、玩儿冰床；还有到什刹海放生、放鸽，逛庙会，逛荷花市场，赶德胜门早市，听书看戏，把盏品茗，享受各种小吃，都是数百年来京城居民乐此不疲的民俗活动。

特别值得一提的是，什刹海地区自古以来就是文化娱乐的场所。清代王府常常举办堂会，每有京剧昆曲名角献艺；在什刹海周边，早有名为风流赏月、公余同乐、塔院、果子观、兴化寺、国剧社等票房，现在还有什刹海梨园票友剧社、汇通同人票社、前海旅游中心社区票房等。许多票友常在这些票房里相聚相乐，或清唱，或彩唱，什刹海地区丝竹之声缭绕，京昆唱腔荡漾，别有一番情趣。在这些有时有节、红红火火的民俗活动中，展现出丰富的中国传统文化和大众文化。

沿着玉河游二闸

明代自永乐四年（1406）开始营建皇城，同时开挖御河、修筑内外金水河与紫禁城护城河。御河又称玉河，元代其上段即通惠河，水自积水潭流出后，经万宁桥、北河沿、沙滩、南河沿出皇城，过北御河桥（今贵宾楼西），沿台基厂二条、船板胡同、泡子河入通惠河。明代御河虽然也从万宁桥、东不压桥流入皇城，沿皇城东墙北河沿、南河沿向南流出皇城，但因明代把旧日皇城东北及正东的河段圈入皇城，再加上明城南墙外移的结果，从此粮船不再进入城内。于是御河不再向东南流入泡子河，而是径直向南经今东长安街上的北御河桥、东交民巷的中御河桥、正义路紧靠城根的南御河桥，穿过正阳门东水关，流入前三门护城河即南濠。所以东长安街以南的正义路，过去叫御河桥。《天府广记》云，“御沟流水晓潺潺，直似长虹曲似环。流入宫墙才咫尺，便分天上与人间”，诗中的御沟即指御河。

中轴线上的万宁桥

澄清闸在万宁桥下，因桥在皇城的后门地安门之北，又称后门桥。万宁桥始建于元至元二十二年（1285），原为木桥，元代改为石拱桥。

元末明初，由于战乱和山洪的原因，通惠河上段从白浮村神山泉至瓮山泊的一段（称为白浮堰）废弃。明代修复玉泉山以下青龙、广源、白石、高梁诸闸，保证了什刹海的供水。明清两朝，对中轴线上的万宁桥进行过多次修葺。在石桥的东西石拱上方各有一石雕螭状吸水兽。桥两侧石砌护岸，四边各有一只鹿角分水兽，身披大片鳞甲，趴在岸边对视着桥孔。桥东的两只头伸出岸沿边，形成伏岸望水的姿势；桥西的两只将头外伸，两只有吸盘的爪抓着垂直的岸边墙面，身体一侧挂在岸沿外，以测试水位保北京城水运平安。

玉河历史文化保护工程

玉河是北京一条历史悠久的古河，元代玉河称为通惠河。2005 年，玉河（御河）历史文化保护工程作为北京市六片文保试点项目之一，正式获批立项。2009 年 5 月，玉河历史文化保护工程正式开工。重新亮相的玉河北段水道，严格沿着古河道走向重新修复，自万宁桥起到地安门东大街路北的玉河古河道东不压桥止，全长 480 米，平均宽 18 米、水深 1 米左右。河堤还重新修建了一处水榭、一处曲桥，两处船行栈道和四个挑台，使整个玉河风貌更加统一、完整，把两岸修复成古色古香的美丽公园。2017 年 8 月，二期河段 600 余米改造提升完工，玉河的水道穿过平安大街向南延伸，从什刹海一直贯穿到菖蒲河公园。这条老河道还引入了“海绵城市”等新的理念，更为绿色、节水。考古的重大发现——澄清下闸，也将按照原貌进行保护和展示。

旅游必到锣鼓巷

南锣鼓巷的雨儿胡同紧邻玉河，明张爵《京师五城坊巷胡同集》里，锣鼓巷作罗锅巷。因巷路面中间高两端低，形如罗锅而名。清乾隆时，随着人口增多，分为南北两巷。北锣鼓巷周围的胡同相对狭隘凋敝，西侧的胡同多以寺庙为名。千福巷，明称千佛寺胡同，因此地有一庙宇供有一尊千手千眼佛，故名。宝泉局西作

▲ 重新亮相的玉河水道

▲ 南锣鼓巷

厂在千福巷东北，俗称其地为钱局。南锣鼓巷在老北京城街坊的胡同系统中最为完整，也是北京旧城典型的传统四合院地区。在南锣鼓巷东西两侧各有 8 条整齐排列的胡同，如同一条“蜈蚣”，故有“蜈蚣巷”之称。巷从南向北，西面是福祥胡同、蓑衣胡同、雨儿胡同、帽儿胡同、景阳胡同、沙井胡同、黑芝麻胡同、前鼓楼苑胡同等 8 条胡同；东边是炒豆胡同、板厂胡同、东棉花胡同、北兵马司胡同、秦老胡同、前园恩寺胡同、后园恩寺胡同、菊儿胡同等 8 条胡同。明清以来，这里一直是“富人区”，居住过许多达官贵人、社会名流。现有僧格林沁王府、清代皇后婉容故宅、茅盾故居、可园、恩园等文物保护单位，有价值的历史遗存20余处。

沙滩——京师大学堂

清光绪时，在原沙滩后街北侧中段开办有京师大学堂。沙滩在北河沿中段的西岸，因有古代河道留下的沙滩而名，北京人称“沙滩儿”。1965 年，从美术馆东街到北池子北口这段东西走向的街道更名为五四大街，原来的沙滩同时被融入五四大街中。

京师大学堂是我国第一所国立综合性大学，也是当时中国的最高教育行政机关。该地在明代为御马监、马神祠，清朝时乾隆皇帝的女儿和嘉公主的府邸。1912 年 5 月，京师大学堂更名为北京大学，严复出任校长。1916 年在松公府南端靠近汉花园大街处兴建北京大学教学大楼，因主要部分墙体为红砖砌就，人们称之为“红楼”。松公府原为清乾隆时一等忠勇公傅恒的府邸，是京城第一大府邸。光绪时，由其孙松椿承袭爵位入住，后称松公府。其南墙外为清朝内务府所属汉花园大街，即后来的五四大街。1917 年，蔡元培任北京大学校长，他“循思想自由原则、取兼容并包之义”，使得北京大学思想解放，学术繁荣。陈独秀、李大钊、鲁迅、胡适等一批杰出人物都曾在北京大学任职或任教，北大因而成为开风气之先的“新文化运动”中心和多种社会思潮的策源地。

胡同里的大运河

崇文门内大街东侧有条西北至东南向的船板胡同，东南至崇文门东顺城街，与后沟胡同相通，北与南八宝胡同、西镇江胡同、丁香胡同相通，中与北京站西街相交。据传此地曾有造船厂，因而得名。金代，在船板胡同一带开凿闸河，由西向东在今北京站附近出城到通州。元代利用旧闸河河道，开挖通惠河，从此漕船即可从通州南的高丽庄进入大都城内。明代将大城南移二里许，便将这段闸河的一段揽入城内，成为城市的一条泄水孔道。这一带地势低洼，积水形成坑塘洼淀，被人们称为“泡子河”。随着岁月流逝和人们的惨淡经营，泡子河竟日渐成了桃柳夹岸，树影婆娑、莲红荷青的风景地。一些富户显贵便纷纷来此修建亭台楼阁，乃至开辟别墅，形成一派“张园酒罢傅园诗，泡子河边马去迟”的繁华景象。

清末八国联军侵占北京，此地遭到严重破坏，几乎成了一片废墟，还在南城根建起德国墓地。以后泡子河日渐淤浅，房舍日多，原有的风光也不再。1898 年，在德国墓地北面建成汇文大学宿舍区，后来合并三所学校，统称燕京大学。泡子河旧址成为燕京大学教师宿舍和汇文中学，埃德加·斯诺曾在此居住。20 世纪 50 年代修建“北京站”，泡子河也不再显现，仅有“泡子河东巷”地名还可供人们凭吊。

朝阳门“京师十三仓”

由北京站向东北，便是繁华的朝阳门。明代，积水潭漕运码头因水源减少而废弃，从北运河漕运进京的南方米粮，一般在张家湾卸载，由驳船从通惠河至东便门外大通桥起岸。大通桥有车户专门负责将漕粮运至朝阳门京仓，部分漕粮则由通州陆路运往京师。于是在朝阳门内建起七大官仓，北侧有海运仓、北新仓，中部有南新仓、旧太仓、兴平仓和富新仓，南侧有禄米仓，它们共同担负着京师储粮的重任。清代，在明代 7 座官仓的基础上，又扩建 6 仓，被称为“京师十三仓”。

官仓又称皇仓，是我国现存古建筑中的一个特殊类型的建筑，它巧妙的布局、结构和形式以及一套完整的运作方式和管理制度，代表了我国古代劳动人民高超的智慧，是大运河文化的标签和象征之一。

清康熙时疏浚通惠河，复浚护城河，驳船可由大通桥通行在东护城河上，直达朝阳门和东直门，大大方便了漕粮的运输。因朝阳门是沟通京城与通州漕运码头的必经之路，故有“粮门”之称。在城门洞内北侧墙上，特镶砌一方刻有谷穗的石头，称“朝阳谷穗”。八国联军入侵北京，将石刻谷穗毁坏。

明清城内的七座官仓，禄米仓在朝阳门南小街独为一仓；南新仓在朝阳门北小街，俗称东门仓。周边为兴平仓、旧太仓、富新仓，四仓整体用同一仓基，四面四门；明正统十年在其北东直门南小街处筑海运仓，清代又在海运仓北兴建北新仓，两仓连为一体，共为同一仓基，南门仍称海运仓，北门称北新仓。海运仓和北新仓内除廒座外，主要建筑还有官厅、大堂、太仓殿、仓神庙、土地祠、监督值班所、官役值班所、科房、更房、警钟楼、巡警驻扎所等。至今，在朝阳门大街南北还留有以这些粮仓命名的胡同，可见当年仓储景象之兴旺。

北新仓胡同东起东直门南大街，南与库司胡同、仓夹道相通，北通北新仓一巷、二巷、三巷、四巷、五巷。民国时北新仓改成陆军被服厂，现仍存仓七座，为北京市文物保护单位。海运仓胡同在东直门南小街东侧，北与仓夹道相通。南新仓即东门仓，东门仓胡同在朝阳门北大街西侧，东起豆咀胡同，中与北豆芽

▲ 南新仓

胡同相交。清兴平仓即元代北门仓，明称旧太仓北门。北门仓胡同在东四十条北侧，东起东直门南大街，西至东直门南小街。新太仓胡同在东直门内大街南侧，明称新太仓北门，东与新太仓一巷、新太仓二巷、罗车胡同相通，入清后新太仓废弃，析为民居。

船游二闸似秦淮

庆丰闸在东便门外五里，从东便门大通闸往东，老北京俗称二闸。庆丰闸在明清时商业繁华，游人如织，是十分热闹的地方。二闸的帆船业，自五月初一开始营业，虽无竞渡之举，但三五知己，可聚于船上小酌。清代官吏完颜麟庆，在《鸿雪因缘图记·二闸修契》中写道：“其二闸一带，清流萦碧，杂树连清，间以公主山林濒染逸致，故以春秋佳日都人士每往游焉或泛小舟，或循曲岸，或流觞而列坐水次，或踏青而径入山林，日永风和，川晴野媚，觉高情爽气各任其天，是都人游幸之一。”春游图、秋游画、风景卷、娱乐篇、抒情篇等俱全。震钧《天咫偶闻》：“青帘画舫，酒肆歌台，令人疑在秦淮河上。”把通惠河与秦淮、元大都与南京互相照应起来。

2009年春，在原庆丰闸旧址上新建庆丰公园，并保留了古闸遗址、古槐树及二闸村的民俗文化等历史遗存。

通州古城的漕运文化

中国大运河共包括十大河段，其中最北段由北京至通州称通惠河，第二段通州至天津段为北运河。通惠河与北运河的交错地，在西汉时取“水路陆路交通便利”之义称“路县”，金代取“漕运通济”之义命名“通州”。通州还是潮白河、温榆河、小中河、减河四条河流的交汇处，历来是中国漕运的重镇，在漕运文化中占有独特地位，

一支塔影认通州

“云光水色运河秋，满径槐花感旧游，无恙蒲帆新雨后，一支塔影认通州。”一塔指燃灯佛舍利塔，是通州老城的标志，也是大运河通州段的起点。该塔始建于北周时期，距今已有1400多年的历史。唐贞观七年（633）复建，辽重熙间（1032—1054）重建，元大德、明成化、清康熙九年（1670）曾经修缮，十八年（1679）地震身圮，三十七年（1698）再建塔身。1976年唐山烈震波及刹毁，1987年重修塔顶。该塔是一座八角形十三层密檐式塔，塔高56米，与天宁寺塔等高，并列北京最高、最大塔。三教庙位于通州旧城北部的区域大成街北侧，此处因儒教的文庙供奉孔子（亦称学宫）、佛教的佑胜教寺供奉燃灯古佛

（亦俗称塔庵）、道教的紫清宫供奉太上老君（亦俗称红孩儿庙）三座独立的庙宇，近距离呈“品”字形布列在通州州治衙署的西围墙之侧而合称三教庙。是北方地区少有的释道儒三教合一的人文景观，体现了通州作为运河沿岸城市的开放性和包容性。佑胜教寺的西侧，耸立着燃灯佛舍利塔，由此形成了通州标志性“三庙一塔”的古建筑群，与沿岸文物建筑和沉淀百年的文化共同形成大运河文化带，具有重要的历史价值和文化价值。

因漕运和仓储而兴的城市

通州是一座因漕运与仓储而兴起的城市，“漕运昼夜不停，运河号子连天”。这是当年通州大运河鼎盛时期的景象。

金代在通州置丰备、通积、太仓三仓。元代开凿会通河与通惠河后，将海运、河运、陆运相结合，更置广储仓、有年仓、庆丰仓、延丰仓、乐岁仓、富衍仓等十三仓，存储漕粮上百万石。永乐迁都北京后，“军国之需，尽仰给于江南”，在京城和通州陆续建了很多粮仓，统称为京通二仓，“京仓为天子之内仓，通仓为天子之外仓”。在通州建有大运中仓、大运西仓、大运东仓、大运南仓等四座粮仓。

正统十四年（1449）总督粮储太监李德、镇守指挥使陈信建通州新城以卫护仓储，其中西仓在新城中，廒三百三十座，计一千六百五十间；中仓在旧城南门内以西，廒一百三十六座，计六百九十七间；南仓在新城南门内，廒一百二十座，计五百一十间，后归并中仓；东仓在旧城南门内以东，廒四十一座，计二百零五间，隆庆年间归并中仓。清朝建立后，有通州中、西、南三仓，雍正《畿辅通志》载曰：“大运西仓廒二百三座，大运中仓廒一百一十九座，大运南仓廒八十一座，以上三仓俱在通州。”

元、明、清各代在通州均设管理漕运事务的衙署，明代在通州城内设有尚书馆、户部分司、坐粮厅公署、监督主事公署、巡仓公署、巡漕公署等近40个办事机构。清依明制，在通州设置户部坐粮厅署、仓场总署、漕运厅署等大小衙署数十处。另外，江苏、浙江、江西等漕运总局、会馆等也设在通州。各省的漕粮运到通州后，要由直属户部的坐粮厅署验收，再转运到京通各仓收储，粮仓则由仓场总督衙门管理。康熙年间，建仓场总督衙署。每年漕运期间，户部委派总督仓场侍郎满汉各一员与都察院遣巡仓御史满汉各一员，共四位大员至此总理漕务，俗称四员厅，以后附近的街巷称四员厅胡同。

大运河第一码头张家湾

自元代至元十六年（1279）张瑄试运行海运起，到1900年漕运停止的600多年间，张家湾以商贾云集、漕运发达和战略地位重要而闻名天下，有“大运河第一码头”之称。作为北京漕运的港口，通州境内有北运河、通惠河等多条运河，河道两岸码头密布。

辽代开凿萧太后河，在张家湾汇入北运河，张家湾由此开始了漕运码头的历史。张家湾位于通州区中部偏北、北运河西侧。《通县地名志》载："元代因此地处白河（今北运河）、凉水河、萧太后河汇流处，河道环曲，万户张瑄督海运至此，故名张家湾。"

至元十九年（1282）张瑄试行海运漕粮抵达张家湾，张家湾遂成为皇家码头。京杭大运河开通以后，河运、海运漕粮都要经过张家湾转运大都，皇家码头的功能进一步强化。元末通惠河缺乏修缮，逐渐淤塞，明初通惠河已无法通航。自南方运来的物资只能运抵至张家湾，再陆路转运至京城，张家湾随之成为各种皇家物资的集散中转地。据统计，明代永乐以后，每年经张家湾抵达通州的各类运船达3万多艘，漕船、皇船、驳船、官船、客船、商船、售卖蔬菜果品的小船汇集于河上，客运码头、漕运码头、皇木厂、砖厂、花斑石厂、盐厂、铁锚厂等各种码头、仓厂应运而生，繁华一时。

皇木厂村，因转储修建北京城的御用"木料"而得名。据史书记载，永乐四年（1406），朱棣分遣大臣到四川、江西、湖广、浙江、山西等省采伐珍贵木料，最后经大运河运输到皇木厂码头卸货，并储存在这里，再经陆路运进皇宫。此外皇木厂还是东北、西北、华北地区的运盐中转站。如今，村内还保存着建北京城的巨大花斑石46块，运河古道遗址150米，建皇宫和皇陵用的红丝印叶纹嘉石，官盐码头称盐用的石铨，"惜字局"石碑等。

有歌谣唱道："榆林庄上小屯就，崔家楼上二泗浮，烧酒巷向张家湾，花板老堆望通州。"榆林庄、小屯、崔家楼、烧酒巷、张家湾，是村名。花板（石），地名，为明代在张家湾附近存放南来花板石的堆场旧址。

吴仲重建五闸二坝

明嘉靖七年（1528），巡仓御史吴仲，主持通惠河重修工程，将元代通惠河河口从张家湾北移至通州城。为保证有足够的水量行驶漕船，吴仲将元代二十四闸改为五闸二坝，实行驳运制。每闸处设置搬运处，配备驳船，让下游粮船沿河道逐段向上递运。所谓五闸二坝，二坝指石坝和土坝，五闸是指由石坝到大通桥这一段通惠河上修建的普济闸（又名杨闸）、平津下闸（又名花闸）、平津上闸（又名郊亭闸）、庆丰闸（又名二闸）、大通桥闸（又名头闸）。《石坝须知》记载：普济闸位于通流闸（闸桥）迤西12 里，其水面高于通流闸 12 尺；再西行 13 里的平津下闸，水面又高 7 尺；再西行 4 里的平津上闸，水面又高 10 尺；再西行 11 里的庆丰闸，水面又高 12 尺。

"富北关"石坝码头

由于运河的河口和河道经常淤塞，造成通州段北端的码头经常移址，在通州诸多码头中，最为著名的当数张家湾码头和石坝土坝码头。过去通州有民谣云，"穷南关，富北关，吃吃喝喝是东关”，其中“富北关”即土坝石坝码头所在地。

石坝码头设在通州城东北通惠河口以南，码头以条石筑成，故称石坝码头，简称石坝，俗称北坝。码头顺河长60丈，宽11丈，砌台阶108级，延伸至北运河。因这座码头在北运河北端，很多人认为此地标志着京杭大运河北段开端。南来的漕船在石坝码头卸粮、验粮。在通惠河口南侧的葫芦头东岸，与石坝码头配套建有一座阶式石坝，漕粮由此装上驳船，依傍减水闸（俗称闸簸箕，闸堤上面有一间龙王庙）入里河沿的一段护城河西行，再傍响闸入通惠河，过八里桥经普济等五闸，到大通桥卸船，车挽入京城各仓。卸粮码头在运河北端，装粮码头在通惠河口南侧，形成了一组卸装配套的石坝码头。此后通惠河航道，一直畅通无阻，这种状况一直延续到清末。

石坝以北即通惠河口的下关至北浮桥一带，原是装卸皇木、金砖、大盐的驳岸，民国间也成了南方的山泽百货、茶叶、瓷器，以及塞北的皮毛、土特产的驳岸。附近有皇木场、金砖场、盐滩和瓷器会馆万寿宫，以及应运而生并盛极一时的复兴、天庆、德聚等十八家骆驼店和几家茶局子。可谓商贾云集，市肆兴隆，一派繁荣景象。

从东关大桥沿滨河路往北，现在运河西岸有座复建的大光楼。大光楼始建于明嘉靖七年（1528），原在通州旧城北门外沿通惠河向东，明清时户部坐粮厅官员在大光楼验收漕粮，因此又称验

▲ 石坝码头

▲ 大光楼

粮楼。光绪二十六年（1900）庚子之乱，八国联军将大光楼及众多古建筑烧毁。

运河西岸土坝街

土坝码头位于通州旧城东门外迤南的运河西岸，在原大堤西内侧、二道堤东外侧之间，今东关大桥西侧迤北的土坝街一带，是验收改兑漕粮，转输通州中、西二仓的漕运专用码头。嘉靖《通州志略》记载："土坝一处，在州东城角防御外河。通仓粮米就此起载。"土坝码头非常简陋，只是以排桩挡土岸，以防河水冲刷改易，也便于漕船靠岸卸粮。

明清时期为了保证漕粮运输，商船不准与漕船争路，都被拦在东关大桥以南的区域。明代在土坝码头南百米外专设黄色碑亭，明确规定凡客货船只能在黄亭子以南靠岸装卸，一律不得越过黄亭子北上石坝和土坝。民用货运码头在今东关大桥的运河西岸，长约一千米，凡由淮河流域各省运来的麦、稻、杂粮商船皆在此靠岸卸载，码头周边也开设了多家麦子店，专门进行代贮、经营粮食业务。在货运码头南侧，今小圣庙村至大棚村一带为客运码头。小圣庙内供奉潞水河神，大棚村内有关帝庙，来往船客在这两处上香，以祈求平安。

纵贯千年，横跨七区的大运河北京段，将全面实施遗产保护、环境整治、水系治理、文化挖掘、旅游提升和跨区域合作工程，在新时代创造性、高质量地统筹推进大运河文化带建设。

第四章　保护传承——新时代统筹推进北京大运河文化带

▲ 大运河森林公园

2017 年，习近平总书记视察北京时强调，保护大运河是运河沿线所有地区的共同责任，北京要积极发挥示范作用。大运河是祖先留给我们的宝贵遗产，是流动的文化，要统筹保护好、传承好、利用好。“要古为今用，深入挖掘以大运河为核心的历史文化资源。”

在习近平总书记关心指导下，中央和地方整体规划、有序推进，一条“文化玉带”串联起沿岸无数物质和非物质文化遗产，为经济社会发展提供新能量。2019 年 2 月，党中央、国务院作出重大决策部署，发布《大运河文化保护传承利用规划纲要》（以下简称《规划纲要》）。《规划纲要》提出，以习近平新时代中国特色社会主义思想为指导，全面贯彻党的十九大和十九届二中、三中全会精神，紧紧围绕统筹推进“五位一体”总体布局和协调推进“四个全面”战略布局，牢固树立和贯彻落实新发展理念，紧扣我国社会主要矛盾变化，按照高质量发展

▲ 通州大运河

要求，坚定文化自信，坚持以文化为引领，坚持以人民为中心，共抓大保护，不搞大开发，坚持科学规划、突出保护，古为今用、强化传承，优化布局、合理利用的基本原则，打造大运河璀璨文化带、绿色生态带、缤纷旅游带。为大运河沿线发展谋篇布局，大运河文化保护传承利用迎来历史最好时期。

近年来，北京市加快推进大运河文化保护传承利用工作。2016 年初，在“十三五”规划纲要中率先提出了大运河文化带的概念，启动了大运河文化保护传承利用研究工作，在全国各省市地区中第一个编制了大运河文化带规划。2017 年，北京市 26 个部门、7 个区组成了大运河文化带建设组，共同推进实施重点任务。2018 年相关研究工作对国家大运河文化研究发挥了重要支撑作用，在全国各省市地区中走在前列。2019 年 12 月，北京市正式发布《北京市大运河文化保护传承利用实施规划》（以下简称《规划》）和《北京市大运河文化保护传承利用五年行动计划（2018—2022 年）》（以下简称《行动计划》）。《规划》提出构建“一河、两道、三区”的大运河文化带发展格局，形成贯通、便捷的大运河绿道系统，确保通惠河部分河段、潮白河部分河段、北运河通州段实现游船通航。纵贯千年，横跨七区的大运河北京段，将全面实施遗产保护、环境整治、水系治理、文化挖掘、旅游提升和跨区域合作工程，在新时代创造性、高质量地统筹推进大运河文化带建设。

擦亮国家文化符号

2017年2月24日，习近平总书记来到北京大运河森林公园，听取通州区历史文化、水系治理、生态环境保护等情况介绍，查看大运河沿岸生态环境治理成果，眺望北京城市副中心建设全貌。习近平强调，北京城市副中心建设要高度重视绿化、美化，增强吸引力。通州有不少历史文化遗产，要古为今用，深入挖掘以大运河为核心的历史文化资源。保护大运河是运河沿线所有地区的共同责任，北京要积极发挥示范作用。北京贯彻落实习近平总书记重要指示精神，认真做好“保护好、传承好、利用好”这三篇文章，深入挖掘大运河文化带的丰富内涵。通过推进大运河文化带保护利用，进一步擦亮世界认可的国家文化符号，把大运河文化带建设融入全国文化中心建设，努力担起运河文化带的“龙头”之责。

分类推进，重点突破

2017年，北京市组成大运河文化带建设组，本着保护、传承、利用的总原则，聚焦修缮文物、挖掘内涵、整治环境、提升品质等环节，列出近期任务项目清单，制定五年行动计划。坚持分类推进，重点突破。具体按遗产类、挖掘类、环境类、水系类、文创类等不同类别，分轻重缓急，有序推进：

遗产类方面，重点抓好白浮泉、万寿寺、延庆寺、积水潭、什刹海、通惠河、玉河古道及古闸、通州古城核心区、西海子公园、八里桥等重要文物保护和修缮，该腾退的腾退，该保护的保护，该完善的完善。

挖掘类方面，组织专家深入研究大运河文化带历史文化内涵，整理出版研究成果；收集和保护各类非物质文化遗产，讲述更多能够传诵的运河故事。

环境类方面，加快大运河沿线景观提升和生态修复，抓好北运河、通惠河、萧太后河的环境整治，打造滨水景观；严控沿线建设用地，加强城市设计，促进景观提升。

水系类方面，采取治水、引水等方式，保护好现有运河河道。创造条件逐步恢复玉带河故道、明清通惠河、北运河故道三条古河道，以及运河沿岸古码头。加紧推进北运河京津冀三地通航工程。

文创类方面，相关区要根据规划，因地制宜、布点发展。

就整体而言，大运河通州段是重点。要结合副中心规划建设，彰显蓝绿交织、水城共融城市特色；规划建设好路县故城遗址博物馆、运河博物馆等文化设施，将大运河文化带打造成标志性文化品牌。

▲ 北京大运河森林公园

精心保护世界文化遗产

北京是具有三千多年历史的古城，自隋朝起北京成为大运河的北端起点，元朝时北京是京杭大运河的北端起点，一直持续到明清两个朝代。历经辽代陪都，金、元、明、清四朝帝都，京杭大运河为南北漕运和文化交流做出了巨大贡献。北京大运河文化带沿线拥有文物等级之高、分布之密集、时代跨度之长、类型之丰富都是整个运河文化带中的翘楚。经过多年的保护，北京大运河文化带已具备良好基础。

按照《北京城市总体规划》的要求，大运河文化带的建设首先要精心保护好世界文化遗产。大运河北京段列入世界文化遗产遗产点的河道有三段：西城区境内通惠河北京旧城段——什刹海，包括前海、后海、西海；东城区境内通惠河北京旧城段——玉河故道，西起万宁桥东至东不压桥，长约 0.5 千米；通州区境内通惠河通州段，西起永通桥东至通州北关闸，长约 5 千米。此外还有遗产点两个：西城区境内澄清上闸（万宁桥），东城区境内澄清中闸（东不压桥）。除此之外，随着大运河文化带的建设，市域范围内留存的大量运河遗产也亟待梳理。

梳理大运河北京段文化遗产

《北京志》副主编、北京市地方志办公室原副主任谭烈飞经

▲ 通州大运河夜景

过研究梳理，总结出与大运河北京段相关的物质文化遗产40项、非物质文化遗产11项。

大运河（北京段）文化遗产一览表

遗产名称	所处区	始建朝代
1. 通惠河（包括今通惠河与通州一段故道）	朝阳区、通州区	元
2. 通惠河故道（今玉河故道）	东城区	元
3. 白河（今北运河）	通州区	元
4. 坝河	朝阳区	元
5. 南长河（今昆玉河北段与长河）	海淀区	元
6. 白浮泉（含九龙池与都龙王庙）	昌平区	元
7. 玉泉山诸泉	海淀区	元
8. 瓮山泊（今颐和园昆明湖）	海淀区	元
9. 积水潭（今什刹海）	西城区	元
10. 广源闸（包括龙王庙）	海淀区	元
11. 万宁桥（包括澄清上闸遗址）	西城区	元
12. 东不压桥遗址（包括澄清中闸遗址）	东城区	元
13. 庆丰上闸遗址	朝阳区	元
14. 平津上闸遗址	朝阳区	元
15. 颐和园昆明湖诱猗闸	海淀区	清
16. 高梁（闸）桥	西城区	元
17. 德胜桥	西城区	明
18. 银锭桥	西城区	明
19. 永通桥（包括御制通州石道碑）	通州区	明
20. 通济桥遗址	通州区	明
21. 广利桥（包括镇水兽）	通州区	明
22. 通运桥	通州区	明

续表

遗产名称	所处区	始建朝代
23. 张家湾东门桥	通州区	明
24. 张家湾虹桥	通州区	明
25. 张家湾码头遗址	通州区	辽
26. 里二泗码头遗址	通州区	元
27. 北新仓	东城区	明
28. 南新仓	东城区	明
29. 禄米仓	东城区	明
30. 通州大运中仓遗址	通州区	明
31. 通州西仓遗址	通州区	明
32. 神木厂址（包括神木谣碑）	朝阳区	明
33. 通州城北垣遗址	通州区	元、明
34. 张家湾城墙遗迹	通州区	明
35. 皇木厂遗址（包括古槐）	通州区	明
36. 花板石厂遗址（包括遗石若干）	通州区	明
37. 上、下盐厂遗址（包括下盐厂石权）	通州区	明
38. 玉河庵（包括玉河庵碑额）	东城区	清
39. 燃灯佛舍利塔	通州区	北周
40. 王德常云思碑	东城区	元

北京大运河非物质文化遗产名单

遗产名称	遗产名称
1. 海运仓 2. 与运河相关时胡同名、街道名 3. 通州区若干个村庄的村名 4. 宝塔镇河妖 5. 铜帮铁的古运河 6. 八里桥的故事——“扒拉桥”	7. 不挽灦 8. 乾隆游通州地奇闻逸事 9. 萧太后河的来历 10. 通州运河龙灯会 11. 通州运河船工号子

谭烈飞指出，应重点关注已经认定的国家级、市级和区级的文物保护单位，主要包括水利工程遗产及其他相关物质文化遗产和非物质文化遗产。他认为，应按照《北京城市总体规划》要求，将元代白浮泉引水沿线、通惠河、坝河和白河（今北运河）作为保护主线，以北京城市副中心建设为契机，加强路县故城遗址保护，全面展示大运河文化魅力。

《规划》的基本内容

2019 年 12 月，北京市正式发布《北京市大运河文化保护传承利用实施规划》（以下简称《规划》）和《北京市大运河文化保护传承利用五年行动计划（2018—2022 年）》（以下简称《行动计划》）。《规划》从 2025 年、2035 年和 2050 年三个阶段，对大运河文化保护传承利用的中长期目标进行了安排，涉及文物、生态、旅游、景观、协同等多个方面。

构建“一河、两道、三区”发展格局

“一河”即以大运河北京段为轴线，组织推进大运河文化保护传承利用，建设大运河文化带。

“两道”即全线滨河绿道和重点游船通航河道。建设全线滨河绿道，将重点推进南长河、玉河、通惠河、潮白河、北运河等

绿道建设升级，增强绿道的平行连续性、垂直可及性，形成贯通、便捷的大运河绿道系统；开发重点游船通航河道，则将确保通惠河部分河段、潮白河部分河段、北运河通州段实现游船通航，以游船线路串联展示大运河文化生态价值。

“三区”即运河文化展示区、运河生态景观区和疏解整治提升区。运河文化展示区，将重点打造白浮泉水源文化、颐和园古都文化、万寿寺古都文化、什刹海—玉河京味文化、通惠河沿线创意文化、通州古城漕运文化、城市副中心大运河文化 7 个展示区；运河生态景观区，则将重点围绕南长河公园、大通公园—庆丰公园、潮白河森林公园、大运河森林公园区域，形成较大尺度的运河生态景观标志区；疏解整治提升区，将重点围绕颐和园、鼓楼西大街、南锣鼓巷、管庄 4 个片区，促进重点文物周边疏解，整治周边环境，保护历史文化保护区和文化遗产及其周边区域的真实性、完整性。

此外，《规划》提出加快规划建设大运河国家文化公园（北京段），把握重点领域和关键环节，谋划大运河沿线区域发展，建设魅力运河、美丽运河、多彩运河和协同运河。

确定三个阶段目标

《规划》分为 2025 年、2035 年、2050 年三个阶段，对大运河文化保护传承利用的中长期目标进行了安排。

第一个阶段，到2025年，大运河文化带以线串珠、以珠带面的发展格局显现；大运河文化带文化魅力更加凸显，文化内涵更加丰富；大运河文化带生态环境整体改善，大运河水系水质全面改善，周边环境得到有效治理；大运河文化带生态文化景观服务功能明显增强，滨水空间可达性、趣味性明显提升；大运河文化带品牌影响力显著提高，旅游产品更加丰富，沿线特色小镇、美丽乡村建设取得实效；大运河文化带沿线区域协同发展更加深入，京津冀三地及沿线八省市合作领域进一步拓展。

第二个阶段，2026—2035年，大运河文化带发展格局对首都城市功能的优化、组织作用取得显著成效；大运河文化遗产实现整体性系统性保护，大运河文化价值和精神内涵得到深入挖掘和活态传承；大运河水系水质进一步改善，沿线生态环境得到有效保护；大运河滨河生态文化廊道全线建成；大运河文化旅游品牌拥有较高知名度和影响力，沿线文化产业繁荣发展；大运河文化带沿线区域交流合作持续深化，与重大国家战略衔接取得实质性进展。

第三个阶段，展望2050年，魅力运河、美丽运河、多彩运河、协同运河全面建成，大运河文化带将成为服务社会主义文化强国战略、全国文化中心、世界文化名城的示范工程，成为满足人民日益增长的美好生活需要的民心工程，成为建设国际一流的和谐宜居之都、京津冀世界级城市群、“千年运河”中华文明金名片的标志工程。

▲ 美丽乡村

建设“四个运河”重点任务

建设魅力运河。全面保护大运河沿线历史文化遗址遗迹，实施重要点段历史风貌保护和整治。讲好大运河历史文化故事，挖掘大运河承载的历史文化精髓，增强大运河文化的社会认同。提升公共文化服务功能，持续优化沿线公共文化设施布局，满足市民不断提升的文化需求。促进大运河沿线文化产业发展，充分利用大运河文化带文化空间资源，培育一批有核心竞争力的文化企业，促进文化产业规模化、集聚化、专业化发展。

建设美丽运河。改善大运河生态环境，全面提升大运河水系水质，实现沿线污水全处理，河道水体全面还清，水环境监测全覆盖，水生态环境根本性改善。构建大运河生态文化景观廊道，根据不同河段景观特色，系统绿化大运河两岸，增彩延绿，提高重要河段和节点景观水平，营造步道、文道、绿道融合连通的文化景观廊道。

建设多彩运河。打造大运河旅游精品，依托大运河文化内涵，丰富旅游内容，提升服务品质，推出大运河旅游品牌，提高大运河文化旅游的影响力。拓展大运河沿线休闲空间，开展形式多样的大运河主题文化活动，唤起市民对大运河传统文化活动的记忆与热情，丰富市民文化休闲生活。推进沿线特色小镇、美丽乡村建设，落实乡村振兴战略，促进遗产保护与区域发展协调统一。

建设协同运河。依托大运河沿线省市历史文脉一体的优势，扩大沿线省市文化交流合作，共同保护好、传承好、利用好大运河历史文化资源。积极争取国家支持，与天津、河北共同挖掘北运河历史文化，按照统一标准，加强大运河水环境保护，整体塑造大运河沿线风貌，推动实现游船通航。

《行动计划》的目标要求

北京市大运河文化保护传承利用《行动计划》要求，将推进大运河沿线重点文物腾退，什刹海周边文物建筑群和颐和园的多处被占古建筑都将有序腾退，并改善整体风貌，更好地保护历史文化保护区和文化遗产及其周边区域的真实性、完整性。

过去数年间，在推动区域协同发展方面，京津冀三省市联合组织推出了“京津冀运河文化展”，签订了《北运河开发建设合作框架协议》，为携手开展北运河综合治理、推动北运河游船通航创造条件。现阶段，北京市将依托大运河沿线省市历史文脉一体的优势，扩大沿线省市文化交流合作，共同保护好、传承好、利用好大运河历史文化资源。积极争取国家支持，与天津、河北共同挖掘北运河历史文化，按照统一标准，加强大运河水环境保护，整体塑造大运河沿线风貌，推动实现游船通航，进一步擦亮国家文化符号。

腾退大运河沿线重点文物

据《规划》及《行动计划》显示，大运河文化带将全面保护大运河沿线历史文化遗址遗迹，实施重要点段历史风貌保护和整治。大运河北京段两岸的文物和遗址是文化的重要载体，也是保护的重中之重。北京市将完善文化遗产的保护体系，提高保护等级，推动保护管理的标准化、规范化。在古河道方面，将加强对玉河、玉带河、明清通惠河、北运河故道等历史水系以及土坝、里二泗等码头的勘探发掘，恢复部分历史水系的重要点段，创造条件展示古河道风貌和古码头遗迹。在遗址方面，将完成澄清下闸的遗址保护工作，建设路县故城考古遗址公园。整体保护利用高梁桥等水利工程遗产、颐和园等古典园林和“三庙一塔”等古建筑。

打造运河文化展示区

为了让更多市民领略运河文化的魅力，讲好大运河历史文化故事，挖掘大运河承载的历史文化精髓，增强大运河文化的社会认同。进一步彰显大运河文化带承载的古都文化、红色文化、京味文化、创新文化。北京市将打造七大运河文化展示区，分别位于白浮泉、颐和园、万寿寺、什刹海—玉河、通惠河沿线、通州古城、城市副中心。在该地区，通过整体保护恢复遗址遗迹，促进被占用、闲置的遗产向公众开放。截至目前，相关政府部门已历时两年多完成了万寿寺周边腾退搬迁，南锣鼓巷雨儿胡同修缮整治提升任务基本完成，胡同肌理和历史风貌得到有效保护，重新恢复了四合院的传统规制格局，院落房屋修旧如旧，彰显出四合院的京味文化魅力；而在传承弘扬中华文化方面，还将发挥各类学术团体、研究机构的作用，充分挖掘大运河文化内涵，大运河文化价值更加彰显，大运河文化品牌逐步树立。

此前，部分文物曾被占作他用，今后也将分批腾退，展现古都风韵。《行动计划》要求，全面梳理什刹海周边文化建筑现状，推动腾退醇亲王府、庆王府、会贤堂等文物建筑群，制定腾退项目清单及进度计划，结合中轴线申遗整治规划及修缮规划，制定腾退后的文物修缮计划及环境整治计划。

颐和园的多处被占古建筑将于2022年底前完成腾退。《行动计划》提出，要加强颐和园疏解整治，有序腾退西宫门、军机处、大他坦等被占古建筑，恢复颐和园遗产完整性。

北京市将推进白浮泉、万寿寺、延庆寺等重点文物周边的疏解搬迁及环境整治，恢复其完整性和原有历史景观格局，增加运河文化展示空间。《行动计划》要求加强万寿寺文物保护与修缮，扩大展览、社教空间。延庆寺周边的棚户区将被腾退改造，要求规划利用好腾退空间，将这个地区建造成大运河文化带的重要节点，并尽早对社会开放。

开通“皇家御河游”

万寿寺和延庆寺是长河的重要节点，位于海淀区紫竹桥北，南岸是万寿寺码头。寺前高柳夹着水清波平的长河，大型游船不时驶过。长河是明清皇都唯一的御用河道，以颐和园为界，从玉泉山到颐和园叫作北长河，从颐和园经过麦钟桥到高梁桥叫作南长河。清朝从乾隆起，共有嘉庆、道光、咸丰、同治、光绪 6 位皇帝及慈禧太后走过这条水路，仅慈禧就有 31 次通过这里去颐和园。1908 年，光绪和慈禧同日去世，隆裕皇后因丈夫光绪帝曾被囚禁在玉澜堂，便宣布永不游幸颐和园，长河水道从此断航。长河水道见证了清政府由盛转衰的历史，所以有人说，一条长河水道，半部清朝历史。

2008 年，为迎接参加奥运会的运动员和教练员，断航了一个世纪的皇家水道又恢复了通航。现在对游人开通的“皇家御河游”，从北京展览馆后湖的“皇家船码头”起航，沿“长河”航行，途经北京动物园、北京海洋馆、真觉寺、五塔寺、白石桥、国家图书馆、紫竹院公园、紫御湾码头。到颐和园必须在紫御湾码头换船，因为御河码头到紫御湾是下游，从紫御湾码头到颐和园是上游，中间有个闸门，所以必须在这里换船。紫御湾码头乾隆皇帝亲手所栽的柳树，每年冬季它们都是享受特级的保护待遇。到了上游的河道越来越宽，船也大一号。龙舟画舫沿“长河”水道而上，最有诗情画意的就是长河观柳，乾隆皇帝曾用“柳荫深处

▲ 长河“皇家御河游”

是蓬莱”比喻这里的景色犹如仙境，留下了“天坛看松，长河观柳”的佳话。船经广源闸、万寿寺、麦钟桥、长河闸、长河湾码头、长河桥等多个著名景点，最终到达皇家园林颐和园的“南如意”码头。颐和园景色秀美，涵括了大清江山的风物精华，浓缩了中国古典园林的水景文化，有“十里青山行画里，双飞白鸟似江南”的美誉。

另一条乘船游北京的水道，由南部中华世纪坛向北沿途经过中华世纪坛码头、八一湖码头、中央电视塔码头、玲珑塔、西钓鱼台、曙光花园、长河湾码头，至北部终点颐和园码头。火器营桥以北的区域为“御苑水景段”，是颐和园旅游区的所在，通过在颐和园外设计的商业步行街及配套停车场，形成了一个提供旅游配套服务的颐和园入口。

加强万寿寺文物保护

再说长河的重要节点万寿寺和延庆寺。万寿寺是北京著名的“外八刹”之一，“刹”是梵语“刹多罗”的简称，《增韵》又解为僧寺，是古代寺庙的别称，如“古刹”“宝刹”等。承德有外八庙，在老北京则有“内八刹”和“外八刹”之说。“内八刹”指坐落在北京旧城内的柏林寺、嘉兴寺、广济寺、法源寺、龙泉寺、贤良寺、广化寺和拈花寺。“外八刹”在旧城区外，指觉生寺、广通寺、万寿寺、善果寺、南观音寺、海慧寺、天宁寺和圆广寺。

▲ 万寿寺

万寿寺原称聚瑟寺，建于唐代，属海淀石横村片内。明万历五年（1577），万历皇帝之母慈圣李太后出资，司礼监冯保督建，改名万寿寺，成为皇家寺庙。主要用作藏经卷，后经板、经卷移至皇城内的番经厂和汉经厂，万寿寺便成为明代帝后游西湖（昆明湖）途中用膳和小憩的行宫。清乾隆十六年和二十六年，清高宗弘历在这里为其母祝寿，先后两次进行大规模扩建和修葺。旧时庙前设有码头，每当春末夏初，帝王太后从紫禁城走水路到颐和园避暑，均在此驻跸下船稍事休息。光绪初年曾毁于火，之后成为菜圃。光绪二十年（1894），为庆贺慈禧六十大寿，又进行第三次重修，将菜圃一起圈入，并在西跨院增修千佛阁和梳妆楼。该寺经过三次修建，形成了集寺庙、行宫、园林于一体的多路古建筑群，故有“京西小故宫”之称。

万寿寺山门上方，有清顺治二年御赐的石匾，上书“敕建护国万寿寺”。山门两侧的卡子墙、撇山影壁的砖雕，构图精细，为不可多得之艺术精品。自山门以内共七进院落，中路建筑向北依次为天王殿、大雄宝殿（即大延寿殿）、万寿阁、大禅堂、御碑亭、无量寿佛殿、万寿楼等。其中万寿阁是近年重修的，原阁于民国年间毁于火灾。无量寿佛殿两侧有巴洛克式门两座，建于清乾隆年间，在皇家寺院中风格独特。天王殿前左钟楼，右鼓楼。素有“钟王”之称的永乐大钟曾悬挂于此。乾隆八年，移至觉生寺（即今大钟寺）。大雄宝殿两侧金柱上，有乾隆帝所书楹联：“戒慧光中烟云皆般若；清凉界外花石尽真如。”当年，慈禧往来于颐和园与紫禁城之间，都要在万寿寺拈香礼佛，在西跨院行宫吃茶点。大太监李莲英为了恭维慈禧，特意命人制作了一个面似慈禧的观音像，慈禧的“老佛爷”之名由此而得。现在，此座观音像还摆放在三世佛像的后边。1934 年前后，万寿寺的前部曾辟为东北难民子弟学校。1985 年，中路辟为北京艺术博物馆。

延庆寺，相传初建时曾划为万寿寺的一部分。寺内有正殿和东、西偏殿，原还保留有明天顺六年（1462）重修碑、明嘉靖四十一年（1562）文林郎知肥城县万鹏程撰书《创建延庆寺山门记》，和清顺治十二年（1655）文林郎知肥城县县事袁沛主持、平阴县瘭生程步云撰书《重修延庆寺正殿山门记》等碑。据《北京寺庙历史资料》记载：“延庆寺，坐落西郊三分署万寿寺街 19 号，建于清乾隆三十一年，属私庙。本庙面积二十二亩零八分，房屋六十一间，附属茔地二十六亩，田地三十五亩，土房五间，管理及使用状况为住持管理。除佛殿外，分禅舍及租户居住。庙内法物有释迦佛一尊，阿难迦叶二尊，罗汉十八尊，均泥塑。大铜磬一口，铁五供两堂，三经一部，石碑三座。另有白果、槐、楸、柏等树木十七株。茔地柏树六十二株，槐树四株，马尾松九株，榆树四株，杨树两株。”帝后从紫禁城到颐和园，在此下舟上香或途中休息时，延庆寺是一般官员和服侍人员用膳和小憩之地。同时，它还是长河两岸民间庙会的热闹场所。如今西墙外与

▲ 延庆寺

万寿寺接合部的“城中村”，就曾是万寿寺方丈及僧侣们的住所。1999 年 1 月，海淀区政府公布万寿寺为区文物保护单位。寺东南角原还有古井一眼，俗称大寺井，今已不存。

打造大运河旅游精品

大运河文化带的历史渊源与文化价值均与河道密不可分，也正是因为这条河道，让大运河一度展现出辉煌的生命力。《规划》和《行动计划》显示，北京大运河文化带建设包括提升南长河旅游品质，确保通惠河部分河段、潮白河部分河段、北运河通州段实现游船通航，以游船线路串联展示大运河文化生态价值。打造大运河旅游精品，要依托大运河文化内涵，丰富旅游内容，提升服务品质，推出大运河旅游品牌，提高大运河文化旅游的影响力。拓展大运河沿线休闲空间，开展形式多样的大运河主题文化活动，唤起市民对大运河传统文化活动的记忆与热情，丰富市民文化休闲生活。推进沿线特色小镇、美丽乡村建设，落实乡村振兴战略，促进遗产保护与区域发展协调统一。此外，文件还指出要构建大运河生态文化景观廊道，根据不同河段景观特色，系统绿化大运河两岸，增彩延绿，提高重要河段和节点景观水平，营造步道、文道、绿道融合连通的文化景观廊道。

《行动计划》提出，目前要开展北运河通航的调研工作，按照北运河通航技术方案，开展航道清淤、整治、过船设施和护岸设施改造等工程，实现北运河游船通航功能。通惠河部分河段按计划将于2020年12月前实现游船通航，北运河将于2021年6月前实现游船通航，潮白河部分河段将于2022年12月之前实现游船通航。《行动计划》要求，依托潮白河现有20千米河道，完善沿河两岸的游船游览配套设施，并配置运河文化的标识牌、解说牌等，打造游船游览项目。为此，北京市率先推动北运河通州段游船通航，制定了《北运河（通州段）全线游船通航工作方案》。

2019年10月3日，北运河北关闸至甘棠闸段11.4千米正式通航，其余29千米将于2021年6月前实现通航，为北运河全域游船通航奠定了基础。北关闸至甘棠闸段共向游客开放三条线路，自运河奥体公园二号码头出发，分别至大运河森林公园漕运码头、森林公园柳荫广场码头和甘棠橡胶坝，航时约60分钟，每小时运力可达400人左右。通航后使用的12艘船均系新能源船舶，包括三艘80客位船舶、两艘改造类船舶和七艘34客位船舶。另有夜游大运河线路，以《大运流转古今未来》为主题的运河商务区灯光秀，分别用“黄、白、蓝”三色呈现通州的“历史、当今、未来”。灯光秀全长3.8千米，其中56栋为多媒体演绎楼体，联动堤岸、景观及中轴广场，打造城市级互动全沉浸水岸灯光秀，为广大市民和游客带来光影盛宴。

北运河通州段全线游船通航，是北京城市副中心构建蓝绿交

▲ 北运河游船

织、清新明亮、水城共融生态城市布局的重要内容，也是本市大运河文化带保护传承利用工作的重点项目之一。未来，通州区还将探索水上音乐喷泉、花灯船、水上灯光秀等多种形式的观赏性项目，结合两岸美景，将大运河打造为日间观光、夜间观赏的美丽水上乐园。北京市将持续推动北运河全线通航，不断进行配套设施升级、旅游服务升级，根据市场需求增加产品种类。如提供船餐、表演、夜航、增加水上商务服务、非遗产品展示、北京礼物及通州小吃售卖、旅游配套商品等。通州区水务局相关负责人介绍，全线游船通航工作将通过开展河道治理、护岸设施建设改造、船闸码头建设和桥梁过河设施改建等工程，协调配置水资源，实现游船“通”；挖掘通州运河文化、休闲和旅游资源，研究游艇新业态，体现特色“游”；开展运河全线沿岸及桥梁等景观治理和提升改造，建设沿线码头，打造景观“美”。

塑造运河生态景观

《规划》及《行动计划》对大运河文化带的建设提出了“四个运河”重点任务，其中包括“塑造运河生态景观，建设美丽运河”，并提出改善大运河生态环境，全面提升大运河水系水质，实现沿线污水全处理，河道水体全面还清，水环境监测全覆盖，水生态环境根本性改善。构建大运河生态文化景观廊道，根据不同河段景观特色，系统绿化大运河两岸，增彩延绿，提高重要河段和节点景观水平，营造步道、文道、绿道融合连通的文化景观廊道。

水质是通航的重要保障，为了增强民生福祉，北京市相关政府围绕改善水环境质量，北运河河道治理、两岸景观提升等工作顺利推进。2017年以来，全面监测大运河文化带涉及的26个断面，并完成沿线污染溯源工作，北京大运河水质得到明显改善。目前，北运河北关闸至甘棠闸段，地表水水质稳定达到Ⅴ类水体标准，符合旅游景观用水标准。最新监测结果显示，水质接近Ⅳ类，现阶段大运河生态环境整治取得明显进展。

下一步，北京市水务局将持续推进温榆河综合治理工程和北运河（通州段）综合治理工程建设工作，确保城市副中心防洪安全，改善城市副中心水生态环境，并为实现北运河（通州段）全线游船通航奠定基础。同时，推动通州区加快通惠河水环境综合治理二期工程建设工作，推动朝阳区、通州区等加快实施萧太后河综合治理及景观提升工程、坝河综合治理及景观提升工程、亮马河国际风情水岸等河道整治项目。此外，还会加快编制潮白河综合治理与生态修复规划，推动潮白河综合治理与生态修复建设工作，并加快北运河甘棠及榆林庄船闸的建设工作。

申创通州大运河国家5A级旅游景区

《行动计划》提出，北京将申创通州大运河国家5A级旅游景区。

按照《行动计划》，北京将整合“三庙一塔”、西海子公园、大运河森林公园等北运河沿岸文化旅游资源，按照国家5A级旅游景区标准完善北运河生态文化发展带旅游基础设施，拓展体验性、互动性的特色文化内容。

北京目前有故宫博物院、天坛公园、颐和园、（八达岭—慕田峪）长城旅游区、明十三陵景区、恭王府景区、奥林匹克公园等7家5A级景区，全部在中轴线和中轴线以西的部分。在通州创建一个集休闲、度假、体验、购物于一体的5A级景区，对于均衡北京重大旅游资源的分布有很大帮助，同时，还能够分流和疏解核心区的压力。《行动计划》还提出，要改扩建西海子公园，扩大绿化空间和活动空间，丰富任务内容，整理相关典籍，研究迁移修建李贽墓。

扩建西海子公园

西海子公园位于北京市通州区，京杭大运河北端西侧，占地面积210亩，其中水面近80亩，是镶嵌在通州城内的一颗璀璨的明珠。过去通州旧城之北，分东西二海，辽、金、元三代称湖泊为海子，故名海。西海靠西城墙，东海挨东城墙。西海子为增加燃灯塔基高而从旁取土，东海子已无存。公园最早形成于1936年，1985年扩建。2016年底启动改扩建一期工程，2018年底完工开放的景区。二期工程将葫芦湖残址纳入园中，公园面积将扩大至332亩。葫芦湖是古通惠河的末端，在明代通惠河的修浚过程中，将北门外旧有的湖泊开挖深扩，以便停船。南来漕船经大运河北上，抵达通州石坝后，在葫芦湖卸下货物，转驳船进皇城。此前多年，葫芦湖仅余残址，湖底浅涩，因缺乏流动性，水质较浑浊。此次改造，西海子公园北扩至通惠河，东扩至北运河，葫芦湖通过水体自流和加装泵站，与西海子、通惠河、北运河形成“四水相连”的格局，并建设水质净化工程维持水体清澈。同时在葫芦湖南侧恢复一段石质码头，把当年的漕运盛景用壁画展示，让人追忆的场景很多。海子二期完工对外开放后，相关部门还将根据不同区域与功能划分，对北运河两岸商务区道路、广场、景观节点、桥梁、建筑、水景等进行亮化，将古建筑与现代城市高楼大厦串成一体，凸显彩灯斑斓、投影璀璨的场景。

西海子公园二期改扩建工程，除扩建葫芦湖外，还将大量著名的古建筑和古迹“三庙一塔”、晋冀会馆碑、通济桥遗址、司通分署等纳入其中，计有市级文物保护单位 2 处，分别是燃灯塔和李卓吾墓古迹群；区级文物保护单位 8 处，包括紫清宫、大成殿、宝通银号旧址、通州北城垣遗址、金代闸河遗址、静安寺、石像生群等星罗棋布的运河文物，更为公园增添文脉。

燃灯塔西李贽墓

李贽墓在燃灯塔西侧。据乾隆《泉州府志》记载，李贽生于明嘉靖六年丁亥（1527）十月二十六日。福建泉州人，字宏甫，号卓吾，别号温陵居士、百泉居士等。先后任河南辉县教谕、南京国子监博士、北京国子监博士、北京礼部司务、南京刑部员外郎和郎中、云南姚安知府。后辞职，移居湖北麻城芝佛院，致力于读书、讲学和著述，从者数千人，编著《初潭集》《焚书》《藏书》等。前文提及什刹海“公安派”袁氏三兄弟，都是李贽的弟子。李贽以反对孔孟传统儒学的“异端”而自居，他在社会价值导向方面，扬商贾功绩，批判重农抑商，倡导功利价值，痛斥男尊女卑、假道学、贪官污吏，主张“革故鼎新”，反对思想禁锢，具有强烈的反传统理念。晚年往来于南北两京、济宁等地。万历三十年（1602），为给事中张问达所劾，朝廷以“敢倡乱道，惑世诬民”的罪名，在通州将李贽逮捕。李贽入狱后，作诗明志：“名山大壑登临遍，独此垣中未入门。病间始知身在系，几回白日几黄昏。”留偈：“壮士不忘在沟壑，烈士不忘丧其元。”自刎身亡。李贽去世后，曾任监察御史的马经纶遵其遗嘱，将其安葬于通州城北的迎福寺西侧，并在他的坟上建造了浮屠。后迁至西海子公园内。

抱鸡女当娘娘

石像生群在西海子公园（现对外开放部分）东侧，原立于今永乐店镇西卫生院内李伟家族墓前，当地百姓俗称李良坟。墓地原建有神道碑一座、麒麟兽一个、文武翁仲各二、马、骆驼、獬豸石雕等，这些雕刻的体量与明十三陵的雕刻相同，马配雕鞍、文捧笏、武按剑，精美绝伦，今神道碑已失，石像生群雕被移到通州西海子公园保存。京剧《二进宫》里的女主角叫李艳妃，她的父亲李良一心要谋取大明江山，是个白脸奸臣。历史上李妃的父亲叫李伟，李良是李伟的先祖，与京剧《二进宫》里的李良应该没有什么关系。李氏家族在明永乐时落户永乐店。嘉靖年间李伟之女入侍太子，生神宗。授锦衣卫都指挥佥事，万历初加封中军都督府都督同知，晋爵武清侯。死谥庄简，葬于京西八里庄。为通州区文物保护单位。据说过去永乐店禁演《二进宫》，因为戏里把李氏先祖写成了谋朝篡位的奸臣。

说起李艳妃，通州流传抱鸡女当娘娘的故事，可谓家喻户晓。话说过去永乐店还不叫永乐店，只有两个小村子，中间隔条风河，河南边小村称前村，河北边小庄名后店。为什么叫风河呢，老一代人相传，将来这村要出皇后娘娘，皇上是真龙天子，皇后娘娘不就是凤凰嘛。到了明代隆庆年间，穆宗皇帝梦见一位妙龄少女，骑龙抱凤，头戴金冠，向东南方向飞去。穆宗醒来后，命人直奔东南寻找“骑龙抱凤”的贵人，找不到别回来。礼部官员找寻多日，各个人困马乏，这一天来到漷县后店村，可就到了泥瓦匠李伟家院外。只听得“咯咯”的鸡叫声，一只芦花鸡飞上墙头，有个满头秃黄的姑娘正骑着黄土墙，抓住芦花鸡往怀里抱。边上的大臣一瞧，“这女子骑着黄土墙，不正似一条黄龙吗？她抱着的公鸡不正是凤吗？可找着皇上点名要的骑龙抱凤之人了，管她头发怎么样，先回京复命再说。”隆庆皇上闻报，龙颜大悦，当时宣命骑墙抱鸡女子入宫。谁知一见面，这女子满头秃黄，皇上气坏了，马上让她赶快谢恩走人，回头再找办事的算账。突然，奇迹出现了，那姑娘一低头，只听“咣啷”一声，一只金碗从头上掉下来。再一看，那满头的秃发变得墨染一般，这女子艳若桃花，正是朝思暮想的梦中之人。隆庆皇上顿失所措，不禁脱口而出：“天赐朕之艳妃也！”等到李艳妃的儿子万历皇帝登基，尊号“慈圣皇太后”。

这以后，李艳妃的父亲李伟被封为武清伯，在后店村建武清伯府，府门前车水马龙。乡间集市也从十里外德仁务村迁到这里，成为远近出名的集镇。李伟家从泥瓦匠变成了皇亲国戚，期望永远得此富贵安乐，于是将村名改称永乐店。

保护修复八里桥（永通桥）

《行动计划》要求保护修复八里桥，尽早实现八里桥交通功能退役，保护修缮八里桥后，恢复古桥风貌，作为行人通行和休闲观光步道，对周边进行景观提升，再现“长桥映月”胜景。为延长文物寿命，2019 年底八里桥停驶机动车，为下一步的修缮保护做准备。

陆运京储之通道

八里桥原名永通桥，横跨在通惠河上，因东距通州八里俗称八里桥。八里桥东与通州交界，西至果家店，史称“陆运京储之通道”，是通州至北京城区的必经之处，也是经北运河向京城运输漕粮货物的必由之路。据《明英宗实录》记载：“正统十一年（1460）八月，建通州八里庄桥，命工部右侍郎王永和督工。”《通州志》记云：“八里庄桥即永通桥，在普济闸东。正统十一年敕建，祭酒李时勉作记。”

在李时勉的永通桥记中，详细记述了明英宗时敕建永通桥的前后经过，很有历史价值。该文述说永通桥所在地，为通州城西八里河。河上原有座木桥，每当夏秋之交，雨水泛滥，只能用船靠船横排河上，搭成浮桥。内官监太监李德向明英宗报告，建议在这里兴建石桥，得到皇帝的批准。经过四个月建设，在正统十一年十二月告成，皇帝赐名“永通桥”。难能可贵的是，文中记述了永通桥的结构，“桥东西五十丈，为水道三券，券与平底石皆交互通贯，锢以铁，分水石护以铁柱，当其冲，桥南北二百尺，两旁皆以石为栏”。建完桥后还修建了河神庙和牌楼，说明朝廷对于这座桥的重视。但当我们仔细阅读这段文字后，会发现皇帝对永通桥的重视程度，绝不一般。兹录李时勉的永通桥记如下：

通州城西八里河，京都诸水汇流而东。河虽不广，每夏秋之交雨水泛滥，常架木为桥，比舟为梁，数易辄坏。内官监太监李德以闻于上，欲与其地建石桥。乃命司礼监太监王振往经度之。

总督漕运都督武兴发漕卒，都指挥佥事陈信领之，工部尚书王卺会计经费，侍郎王永和提督之，又命内官监太监阮安总理之。桥东西五十丈，为水道三券，券与平底石皆交互通贯，锢以铁，分水石护以铁柱，当其冲，桥南北二百尺，两旁皆以石为栏。表二坊，题曰永通桥，盖上所赐名也。又立庙以祀河神。经始在正统十一年八月，告成于十二月，明年三月立石。

明英宗经营北京城

“永通桥记”显示，永通桥兴建于明英宗正统十一年。从正统元年（1436），到正统十一年，正是明英宗大规模经营北京城池宫殿时期，致使永通桥成为拱卫北京城的重要组成部分。永乐年间所建的北京城只能算是草创时期，还有很多地方需要完善，但由于财力所限以及频繁的北征，只得作罢。紫禁城中奉天，华盖，谨身三大殿建成后不过半年，即遭雷击发生火灾被烧为灰烬。受灾之后，砖瓦木材，凑集不易，不仅永乐年间没有再建，洪熙，宣德年间也因种种原因始终没有修建。直至正统年间，才开始完善北京城的建设。

这时期主要增建了各城门的门楼，加深了城壕，改建了桥闸，在城墙四角还修建了角楼，并改丽正门为正阳门，文明门为崇文门，顺承门为宣武门，齐化门为朝阳门，平则门为阜成门。通过这次整修，北京的内城城垣基本定型，以后再也没有什么大的变动。正统年间也是大规模建设官署的时期。明成祖时诸衙门大都沿用元代旧官合，分散在各处。正统七年（1442），明英宗即下令按照南京之制，在大明门以北与承天门以南的“T”字形广场东西两侧，依序兴建官署。这年四月建宗人府、吏部、户部、兵部、工部、鸿胪寺、钦天监、太医院于大明门东侧，翰林院于长安左门东侧。正统十年（1445）六月，明英宗又命对城墙进行加固。明初徐达仅用砖包砌内城外侧，这时把城墙的内侧统统用砖包砌起来。正统十一年兴建永通桥，正统十二年（1447）拆掉南北沙河水上的木桥建石桥，北曰“朝宗”，南曰“安济”，是明朝帝后、大臣谒陵北巡的必经之路，也是通往塞北交通的重要桥梁。

八里桥由内官监太监李德提出建议，司礼监太监王振往经度之，内官监太监阮安总理，侍郎王永和提督，这套班子实在强大。明代宦官已经发展成为极其重要的政治势力，不但掌管宫廷内有关饮食起居一般事务，还控制了全国军政要务。十二监中司礼监是明宦官二十四衙门的首席，在整个宦官系统中权势地位最高，时人称其“无宰相之名、有宰相之实”。内官监太监阮安，在北京城的修建中，是一位不得不提的人物。明永乐、正统两朝营建北京城时，阮安主持完成了北京内城城池的最后建设，并且负责重建了三殿（奉天、华盖、谨身）。《明史·宦官传·阮安》：“阮安有巧思，奉成祖命营北京城池宫殿及百司府廨，目量意营，悉中规制，工部奉行而已。正统时，重建三殿，治杨村河，并有功。景泰中，治张秋河，道卒，囊无十金。”王永和在正统时任工部右侍郎，北沙河上的朝宗桥也由他负责督建。

正是考虑到八里桥重要的地理位置，才得到明英宗的批准并御赐桥名，为此还精心打造了一个强大的建设班子。八里桥建成后，与京西卢沟桥、京北朝宗桥并列拱卫京师的三大古桥，为守卫北京发挥了巨大作用。以后明英宗又在京东南的凉水河畔建宏仁桥（马驹桥），与安济桥和三大古桥并称拱卫京城的五大名桥。

通州八景之长桥映月

八里桥南北长 50 米，东西宽 16 米，为石砌三孔拱桥。中间桥拱高阔，最高处有 8.5 米，可通舟楫，舟行不必免帆，由此获得“八里桥不落桅”的美誉。桥面以花岗石铺就，每块石头之间以嵌铁相连，使桥面浑然一体。桥两侧有 32 块护栏雕刻，33 对刻工精美的石狮。栏端戗以蹲坐麒麟，栩栩如生。桥东西两侧各有一只镇水石兽，扭颈倾头注视着河面。桥头原有石碑《永通桥碑记》，碑文载：“通州在京城之东，潞河之上，凡四方万国贡赋由水道以达京师者，必萃于此，实国家之要冲也”，“朝廷迁都北京，建万万世不拔之丕基，其要在于漕运，实军国所资，而此桥乃陆运之通衢，非细故也”，后已不知去向。

明清之际，通惠河漕运繁忙，桥周边景色秀美。每逢月圆之夜，三孔桥洞中各映着一轮明月，使人疑在画中，是为著名通州八景之一——长桥映月。

传说乾隆帝曾带着刘墉、和珅路过八里桥，见到壮观的石桥，乾隆心情大悦，突然得出一上联：“八里桥何为八里？”和珅想了半天没对上来，而才思敏捷的刘墉脱口而出：“三间房岂止三间？”把和珅弄得非常尴尬。

作为京东入城咽喉，地处交通要冲，战略上八里桥是兵家必争之地。历史上这里曾进行过两次大规模的中外战争。第一次在咸丰十年（1860）英法侵略军攻陷天津、通州后，清政府为保卫北京在这里阻击侵略军，进行了八里桥战役。第二次在光绪二十六年（1900），八国联军入侵北京，义和团在八里桥打击了侵略者的嚣张气焰。

2013年，八里桥被确定为全国重点文物保护单位，次年录入世界文化遗产京杭大运河的文物名录。为了进一步保护并重现“八里桥不落桅”的风范，现在老桥西侧修建了一座两上两下的新八里桥。新桥的规划设计本着“不能高于古桥”的原则，避免影响古桥的历史风貌。2019年底，新建工程顺利竣工。在不久的将来，八里桥周边将崛起26处国际景观，景区西起八里桥，东至京承铁路桥。在两桥的北侧还将修缮八里桥音乐主题公园，形成以八里桥、古石道为主题的大运河文化景观。

图书在版编目（CIP）数据

走读大运河 / 王越著. —北京：中国工人出版社，2021.3
（北京人文地理丛书）
ISBN 978-7-5008-7526-0

Ⅰ.①走… Ⅱ.①王… Ⅲ.①大运河 – 介绍 – 北京Ⅳ.①K928.42

中国版本图书馆CIP数据核字（2021）第037016号

作者简介

王越，北京地理学会科普委员会主任、北京学研究所特约研究员、北京市海淀区人大代表。先后任中国人民警官大学六系副主任、高级工程师，北京市地震局宣教中心主任、政策研究员。致力于人文地理和北京文化研究。曾获北京市科学技术先进工作者奖、中国地理学会全国先进科普工作者奖。著有《胡同与北京城》、奥运北京系列丛书之《人文北京》，主编《写给孩子的中国地理》系列丛书，受邀参加央视文明之旅栏目《跟着地名品北京》《胡同里的北京》等。

走读大运河

出 版 人	王娇萍
责任编辑	王 宁
责任印制	黄 丽
出版发行	中国工人出版社
地　　址	北京市东城区鼓楼外大街45号　邮编：100120
网　　址	http：//www.wp-china.com
电　　话	（010）62005043（总编室）（010）62005039（印制管理中心） （010）62379038（社科文艺分社）
发行热线	（010）62005996　82029051
经　　销	各地书店
印　　刷	三河市万龙印装有限公司
开　　本	880毫米×1230毫米　1/32
印　　张	9.875
字　　数	184千字
版　　次	2021年4月第1版　2021年4月第1次印刷
定　　价	78.00元